TRAITÉ

DE

LA LÉGISLATION

CONCERNANT

LES MANUFACTURES ET ATELIERS

DANGEREUX, INSALUBRES ET INCOMMODES.

IMPRIMERIE DE HUZARD-COURCIER,
rue du Jardinet, n° 12.

TRAITÉ

DE

LA LÉGISLATION

CONCERNANT LES

MANUFACTURES ET ATELIERS

DANGEREUX, INSALUBRES ET INCOMMODES.

PAR A.-H. TAILLANDIER,

AVOCAT AUX CONSEILS DU ROI ET A LA COUR DE CASSATION.

PARIS,

NÈVE, Libraire de la Cour de Cassation, Palais de Justice, n° 9;

Mme HUZARD, Libraire, rue de l'Éperon, n° 7;

L'AUTEUR, rue Taranne, n° 10.

1827.

TABLE

DES CHAPITRES.

	Pages.
AVERTISSEMENT	vij
CHAPITRE PREMIER	1
Section I. Considérations générales	Ib.
Sect. II. Législation	5
CHAP. II	33
Sect. I. Règles générales qui s'appliquent aux trois classes	Il.
Sect. II. De l'expertise	41
Sect. III. Établissemens non classés	44
CHAP. III. Règles concernant les établissemens de première classe	46
Sect. I. Compétence	Ib.
Sect. II. Jurisprudence	56
CHAP. IV. Règles concernant les établissemens compris dans la seconde classe	61
Sect. I. Formalités	Ib.
Sect. II. Compétence	62
Sect. III. Jurisprudence	78
CHAP. V. Règles générales concernant les établissemens de troisième classe	95
Sect. I. Compétence	Ib.
Sect. II. Jurisprudence	99
CHAP. VI. Des établissemens d'éclairage par le gaz hydrogène	110
Sect. I. Législation	Ib.
Sect. II. Jurisprudence	111
CHAP. VII. Des machines à vapeur	123
Sect. I. Législation	Ib.
Sect. II Bateaux à vapeur	133

Pages.

CHAP. VIII. Des poudreries et magasins à poudre........... 137

    Sect. i Compétence.............................. Ib.

    Sect. ii. Jurisprudence.......................... 139

    Sect. iii. Des fabriques de poudre fulminante, et appartenantes à des particuliers............................ 145

CHAP. IX. De la compétence des Tribunaux et des dommages et intérêts.. 151

    Sect. i. Jurisprudence administrative................... Ib.

    Sect. ii. Jurisprudence judiciaire..................... 155

CHAP. X. Du conflit................................. 171

Appendice.. 179

Circulaire du Ministre de l'Intérieur................... 181

Circulaire du Directeur-Général de l'Agriculture et du Commerce. 186

Instruction sur les précautions exigées dans les établissemens d'éclairage par le gaz hydrogène.......................... 192

Première instruction sur les mesures de précaution à observer dans l'emploi des machines à vapeur........................ 196

Seconde instruction sur le même sujet.................... 207

Ordonnances de police concernant les ateliers insalubres........ 214

Autre ordonnance sur le même sujet..................... 217

Ordonnance concernant les boyaudiers et fabricans de cordes à instrumens.. 219

Ordonnance concernant la vente de la poudre et des pièces d'artifice.. 223

Ordonnance relative à la fabrication et au débit des poudres détonnantes et fulminantes.............................. 226

Ordonnance pour les établissemens d'éclairage par le gaz........ 228

Règlemens publiés dans le département de la Seine - Inférieure, concernant les machines à feu........................ 234

État général des ateliers et établissemens classés.............. 253

Nomenclature des ateliers et établissemens insalubres, ou incommodes, ou dangereux................................ 274

Table alphabétique des matières....................... 283

FIN DE LA TABLE DES CHAPITRES.

AVERTISSEMENT.

PARMI les affaires contentieuses qui sont soumises à la connaissance des Conseils de Préfecture et du Conseil d'État, il en est peu qui présentent autant de difficultés que celles qui sont relatives aux ateliers dangereux, insalubres et incommodes.

Ces magnifiques manufactures que nous voyons s'élever dans nos villes et dans nos campagnes, tout en attestant les progrès de l'industrie française, n'en donnent pas moins naissance à une foule de contestations qui interviennent tantôt entre l'administration et les entrepreneurs, tantôt entre ceux-ci et leurs voisins. Au milieu de ce choc d'intérêts opposés, les tribunaux administratifs et judiciaires doivent tenir une balance égale pour protéger tout-à-la-fois la salubrité publique, la tranquillité des citoyens, et l'accroissement de nos richesses industrielles.

C'est pour éclairer ces diverses parties sur leurs droits et leurs obligations réciproques, que nous avons entrepris ce *Traité de la législation concernant les manufactures et ateliers dangereux, insalubres et incommodes.*

Cette législation, toute simple qu'elle est dans ses principes, n'en offre pas moins beaucoup d'obscurité dans son application.

Plusieurs causes ont amené cette incohérence que l'on remarque trop souvent dans les décisions rendues sur cette matière.

D'abord, il est de l'essence de toute juridiction de varier dans sa jurisprudence avant que plusieurs affaires de même nature aient fait examiner toutes les questions sous leurs faces diverses, et aient permis aux juges d'adopter sur chacune d'elles des principes dorénavant invariables.

Or, la législation des ateliers insalubres ne remontant qu'à la fin de l'année 1810, il ne faut pas s'étonner si les Conseils de Préfecture et le Conseil d'État ont, en certaines occasions, réformé la jurisprudence qu'ils avaient primitivement adoptée.

Ensuite, la nature même des affaires dont nous parlons ne permet pas, du moins jusqu'à un certain point, de poser à leur égard des règles uniformes et immuables.

En effet, les améliorations incessamment apportées dans les différens modes de fabrication, de nouvelles découvertes dans les procédés chimiques, et beaucoup d'autres circonstances, peuvent causer des déplacemens parmi les établissemens classés, et l'on a vu telle manufacture placée originairement parmi celles pour la formation

desquelles une ordonnance royale est nécessaire, redescendre plus tard jusqu'à la
troisième classe, et ne plus nécessiter que
la simple autorisation d'un sous-préfet.

Quoi qu'il en soit, nous croyons qu'à
bien des égards la jurisprudence du Conseil d'État est maintenant fixée sur une
multitude de questions. Nous avons fait
tous nos efforts pour extraire de cette jurisprudence les principes qui doivent venir
corroborer la législation des ateliers insalubres.

Nous espérons qu'en consultant cet ouvrage, l'administrateur, le fabricant, les
tiers intéressés, etc., apercevront immédiatement les règles qui doivent les diriger
dans les positions variées où ils pourront
se trouver.

Au moment où nous terminons cette
tâche, aucun ouvrage complet n'existe sur

(xj)

cet important sujet. Sans doute, nous avons pu puiser d'utiles renseignemens dans les excellentes *Questions de droit administratif* de M. de Cormenin, et dans le *Répertoire de la nouvelle législation*, par M. le baron Favard de Langlade, aux mots *Manufactures insalubres*; mais le cadre adopté par ces auteurs, si justement estimés, ne leur permettait pas de donner beaucoup de développemens sur la matière qui fait l'objet spécial de ce Traité.

Nous devons mentionner aussi les *Recueils des décisions du Conseil d'État*, par nos honorables confrères MM. Sirey et Macarel, comme de précieuses mines que nous avons dû exploiter avec soin (1). Nous nous empressons de leur témoigner

______

(1) *Jurisprudence du Conseil d'État*, publiée par Sirey, 5 vol. in-4°. — Ce recueil comprend toutes les

(xij)

ici combien ils ont acquis de droits à la reconnaissance de tout homme qui travaille
sur les matières administratives. Grâces à
eux, la juridiction du Conseil d'État n'est
pas entièrement ensevelie dans le silence,
et leurs efforts ont puissamment contribué
à régulariser cette juridiction, que tous les
bons esprits voudraient voir encore plus
solidement constituée.

---

décisions du Comité contentieux de ce Conseil, depuis
sa formation en 1806, jusqu'à l'année 1821.

Recueil des arrêts du Conseil, par M. L. Macarel,
8 vol. in-8°, depuis 1821 jusqu'à ce jour.

Toutes les fois que nous avons eu occasion de citer
une ordonnance rapportée dans l'un de ces recueils,
nous avons indiqué le volume et la page où elle se
trouve.

TRAITÉ

DE

LA LÉGISLATION

CONCERNANT

LES MANUFACTURES ET ATELIERS

DANGEREUX, INSALUBRES ET INCOMMODES.

CHAPITRE PREMIER.

SECTION PREMIÈRE.

Considérations générales.

Les rapides progrès de l'industrie ont multiplié en France les établissemens qui servent à la manutention des matières premières, et à leur transformation en objets utiles.

Dans les uns, la combinaison des substances minérales et végétales forme des produits chimiques dont l'application tourne ensuite au profit des arts; dans les autres, la force inerte du feu, jointe à un habile emploi des facultés humaines, fait ployer les métaux sous la main expérimentée

I

du mécanicien, et leur donne la forme qui doit servir ensuite à l'accroissement de nos jouissances et à l'augmentation des ressources que nous devons à la nature.

Mais si les résultats de l'industrie doivent tourner au profit incontestable de la société, il n'en est pas moins vrai que les moyens qu'elle emploie peuvent causer un préjudice occasionel à un grand nombre d'individus.

Et par le préjudice dont il est ici question, nous n'entendons nullement parler du tort plus ou moins grand qui peut résulter, pour certaines classes, de l'invention de telle ou telle machine, du développement donné à une branche quelconque de commerce, au détriment apparent des autres.

Ce sont là des questions d'économie publique qui sortent du cercle dans lequel nous devons nous renfermer.

Le préjudice dont nous voulons parler est plus immédiat ; il résulte du danger ou des inconvéniens qui peuvent naître, pour les habitations voisines, du genre de travail auquel on se livre, et des matières dont on fait usage dans certains établissemens.

Ainsi, les dangers de l'incendie ou d'une explosion, une odeur désagréable, insalubre ou nuisible à la végétation , une fumée épaisse qui s'étend sur les propriétés du voisinage, des inconvéniens pour la santé des ouvriers, etc., sont autant de motifs qui ont dû attirer l'attention de l'autorité sur les établissemens qui les occasionent.

Le pouvoir, qui veille à la conservation de tous les intérêts, a donc dû prendre des précautions contre les manufactures et ateliers réputés dangereux , insalubres ou incommodes, sans nuire néanmoins aux progrès toujours croissans de l'industrie.

La première précaution a été de diviser en trois classes les manufactures et ateliers considérés comme susceptibles de causer aux voisins un préjudice, de la nature de ceux que nous avons signalés plus haut.

Il aurait été injuste, en effet, de ranger dans la même catégorie tous les établissemens qui offrent de l'inconvénient pour le voisinage. Il en est qui présentent un danger si imminent, qu'il y aurait imprudence impardonnable à l'administration de les souffrir dans l'enceinte des lieux habités; d'autres, sans présenter un péril aussi immédiat, nécessitent cependant des précautions particulières; et enfin, il existe une troisième classe de manufactures et d'ateliers moins dangereux encore, et dont l'incommodité peut facilement se racheter au moyen de quelques faciles conditions imposées par l'autorité locale.

C'est sur ces bases simples et raisonnables que reposent les dispositions contenues dans le décret du 15 octobre 1810.

Si nous avions à examiner ici la nature politique de ce décret et des ordonnances réglémentaires qui ont été rendues pour le même objet, nous n'hésiterions pas à en contester la légalité. Il nous paraît difficile d'admettre, en effet, que, dans un état constitutionnel, le pouvoir exécutif ait le droit, sans le concours de l'autorité législative, de créer et d'organiser des juridictions, de restreindre par des règles de pure administration la jouissance de la propriété et le libre exercice de l'industrie.

Mais nous devons abandonner ces réflexions, pour continuer l'examen des circonstances qui ont fait naître le décret du 15 octobre 1810, et dire un mot de la législation antérieure.

Autrefois il n'existait pas, à proprement parler, de législation sur les ateliers insalubres. Lorsqu'un particulier avait à se plaindre d'un voisin qui formait un établissement incommode, c'étaient les tribunaux civils qui étaient juges de l'inconvénient allégué et qui le réprimaient, en ordonnant la suppression de cet établissement ou sa simple modification. Les règles du droit commun sur les servitudes étaient seules consultées pour juger ces sortes de contestations.

Il est vrai que des règlemens particuliers de police existaient à l'égard de certaines fabriques: ils furent tous maintenus provisoirement par une loi du 13 novembre 1791. Ces précautions paraissaient suffisantes à une époque où le développement de l'industrie n'avait pas donné naissance à cette foule de manufactures que nous voyons s'élever de toute part.

D'ailleurs, on sait que l'administration, telle que nous l'entendons aujourd'hui, n'existait pas encore; et la plupart des questions qui rentrent aujourd'hui dans le domaine du contentieux administratif étaient alors jugées par les tribunaux ordinaires.

SECTION II.

Législation.

La multiplicité des établissemens incommodes a fait sentir le besoin d'une législation spéciale sur cette matière, pour concilier, autant que possible, tous les intérêts. Le Gouvernement ne crut pouvoir mieux faire que de consulter le premier corps savant de la France sur cet important sujet. Dans ce dessein, il s'adressa en l'an XIII à la classe des sciences physiques et mathématiques de l'Institut. Après un long espace de temps, cette classe s'occupa de nouveau de l'objet sur lequel le Gouvernement demandait l'assistance de ses lumières; elle chargea la section de Chimie de lui faire un rapport, dont nous allons donner ici la partie principale, la regardant comme le meilleur *Exposé des motifs* qui existe du décret du 15 octobre 1810.

« Les commissaires qui, à cette époque (en l'an XIII), furent nommés, rédigèrent un rapport dans lequel ils proposaient plusieurs des mesures qu'ils croyaient qu'on devait prendre, et indiquaient surtout les manufactures ou fabriques qui leur paraissaient devoir être conservées, et celles qu'il convenait d'éloigner du voisinage des lieux habités. Ce rapport, fait avec beaucoup de soin, et rempli d'observations très intéressantes et judicieuses, a été unanimement adopté par la classe, et a souvent guidé le magistrat de police, soit lorsqu'il croyait devoir faire droit aux réclamations qui lui étaient présentées, soit lorsqu'il jugeait convenable de les écarter.

» Malheureusement, l'expérience ne tarda point à prouver que ce rapport, qui d'abord avait paru suffisant pour remplir les vues du Ministre, n'offrant que des données générales, était susceptible de différentes interprétations, qui, suivant qu'elles étaient plus ou moins favorables aux réclamans et aux fabricans, donnaient lieu à de nouvelles plaintes, que les parties qui se croyaient lésées poursuivaient avec chaleur.

» Voulant faire disparaître ces inconvéniens, le Ministre s'est de nouveau adressé à la première classe de l'Institut; et après avoir exposé, dans une lettre très détaillée, les motifs qui l'engagent à réclamer encore son avis, il l'invite à prendre sa demande en grande considération.

» La classe, à son tour, convaincue de l'importance de l'affaire qui lui était soumise, a pensé qu'elle devait charger du soin de l'examiner, ceux de ses membres qui, par la nature de leurs travaux particuliers, étaient plus à portée de connaître, non-seulement les divers produits que les fabriques fournissent au commerce, mais encore les opérations employées pour obtenir ces produits. En conséquence, elle a arrêté que la section de Chimie serait invitée à présenter incessamment un rapport sur la demande du Ministre.

» Le premier soin de la commission a été de bien se pénétrer des diverses observations insérées dans la lettre du Ministre; elles méritaient, en effet, de fixer d'autant plus l'attention, qu'elles présentaient un aperçu des motifs qu'on pouvait faire valoir pour éloigner certaines fabriques et en conserver d'autres.

» Voici, à cet égard, comment le Ministre s'est exprimé :

» S'il est juste, est-il dit dans sa lettre, que chacun puisse exploiter librement son industrie, le Gouvernement ne saurait, d'un autre côté, voir avec indifférence que, pour l'avantage d'un individu, tout un quartier respire un air infect, ou qu'un particulier éprouve des dommages dans sa propriété. En admettant que la plupart des manufactures dont on se plaint n'occasionent pas d'exhalaisons contraires à la salubrité publique, on ne niera pas non plus que ces exhalaisons peuvent être quelquefois désagréables, et que, par cela même, elles portent un préjudice réel aux propriétaires des maisons voisines, en empêchant qu'ils ne louent ces maisons, ou en les forçant, s'ils les louent, à baisser le prix de leurs baux. Comme la sollicitude du Gouvernement embrasse toutes les classes de la société, il est de sa justice que les intérêts de ces propriétaires ne soient pas perdus de vue, plus que ceux des manufacturiers. Il paraîtra peut-être, d'après cela, convenable d'arrêter, en principe, que les établissemens qui

répandent une odeur forte et gênant la respiration,
ne seront dorénavant formés que dans des localités
isolées.

» Il était difficile de se refuser à l'évidence
de principes aussi incontestables que ceux établis dans le paragraphe de la lettre qu'on vient
de citer ; aussi la Commission s'est-elle empressée
de les adopter et de les considérer comme devant
servir de base aux différentes propositions qu'elle
avait à faire.

» Toutes les fabriques variant entre elles par
la nature des travaux qui les occupent, il était
nécessaire de se procurer une connaissance exacte
de celles qui, étant en activité, surtout dans le
ressort de Paris, devaient principalement fixer
l'attention. Pour cela la Commission s'est adressée
à M. le Préfet de police, qui, sur-le-champ, a
donné les ordres dans ses bureaux pour qu'il fût
rédigé un tableau de tous les ateliers, fabriques
et établissemens qui sont sous sa surveillance.

» C'est d'après ce tableau que la Commission
a opéré, et qu'elle a arrêté qu'il serait divisé en
trois classes, dont la première comprendrait les
établissemens ou fabriques qui décidément devaient être éloignés des endroits habités ; la seconde, ceux de ces établissemens qui, pouvant
rester auprès des habitations, avaient cependant

besoin d'être surveillés; et enfin la troisième, ceux qui pouvaient être placés partout, et dont le voisinage n'offrait aucun inconvénient, soit sous le rapport de la sûreté, soit sous celui de la salubrité.

» En lisant ce tableau, qui se trouve annexé au présent rapport, on sera bientôt convaincu, 1° que les établissemens compris dans la première classe ne doivent pas rester auprès des habitations, puisque les matières que l'on y travaille et les produits qu'on en retire, ou répandent une odeur désagréable qu'il est difficile de supporter et qui nuit à la salubrité, ou sont susceptibles de compromettre la sûreté publique par des accidens auxquels ils pourraient donner lieu. Ainsi, par exemple, les boyauderies, dans lesquelles on rassemble les intestins des animaux pour leur faire subir différentes préparations qui les amènent à cet état particulier où ils doivent être pour permettre qu'ensuite on les emploie à divers usages; les fabriques de colle forte, dans lesquelles on ne se sert que de débris d'animaux, qu'on fait macérer dans l'eau jusqu'à ce qu'ils aient éprouvé une fermentation putride très avancée, et qu'on croit nécessaire pour obtenir la substance qui forme la colle; les amidonneries, dans lesquelles aussi les grains, les sons, les recoupes, les griots, doivent indispensablement être soumis

à la fermentation putride ; les ateliers d'équar-
rissage et de poudrette : tous ces établissemens
et beaucoup d'autres de cette espèce, considérés
sous le rapport de la salubrité, ne peuvent et ne
doivent pas, à cause de la mauvaise odeur qu'ils
répandent, être placés auprès des habitations.
En vain essaie-t-on de prouver, par de simples
raisonnemens, l'innocuité des gaz qui proviennent de ces fabriques ; jamais on ne par-
viendra à persuader qu'on peut les respirer impu-
nément, et que l'air qui les contient n'est pas
aussi insalubre qu'on le croit. Par d'autres raisons non moins essentielles, on a dû placer dans
la première classe des fabriques qu'il convient
d'éloigner, celles qui peuvent compromettre la
sûreté publique : tels sont, entre autres, les ateliers d'artificiers et les poudrières, qui, malgré
toutes les précautions que prennent ceux qui les
dirigent, sont susceptibles d'inconvéniens dont
malheureusement on n'a que trop d'exemples.
Au reste, en demandant l'éloignement des fabriques dont il vient d'être question, on ne fait
pour ainsi dire que réclamer l'exécution d'anciennes ordonnances de police qui n'ont jamais
été abrogées, et d'après lesquelles il est constant
qu'il y avait certaines fabriques qu'on ne souffrait
jamais dans l'intérieur de la ville. Si alors on se

contentait de les reléguer dans les faubourgs, c'est que les faubourgs, qui étaient peu peuplés, offraient de vastes terrains inhabités sur lesquels les fabricans pouvaient établir des ateliers, sans craindre que leur voisinage pût devenir incommode aux plus proches voisins. Mais aujourd'hui que les fabriques se sont multipliées, et que, dans les faubourgs, les maisons particulières sont presque en aussi grand nombre et presque aussi resserrées que dans l'intérieur de la ville, on ne voit plus, sans inquiétude, de nouvelles fabriques s'y élever ; et si l'on supporte celles qui existent depuis long-temps, c'est que les propriétaires des maisons qui ont été bâties depuis n'ont pas droit de se plaindre, puisqu'ils ont dû s'attendre aux inconvéniens auxquels les exposait le voisinage de ces établissemens. Quoique, d'après ce qui vient d'être dit, la nécessité d'écarter toutes les fabriques comprises dans la première classe du tableau paraisse bien démontrée, la Commission doit néanmoins faire observer qu'elle n'est pas éloignée de croire à la possibilité d'en pouvoir diminuer le nombre par la suite, surtout si les fabricans, abandonnant quelques-uns des procédés qu'ils emploient aujourd'hui, parviennent à en découvrir d'autres qui, sans avoir les mêmes inconvéniens que ceux dont ils se servent, n'en soient pas moins propres à leur procurer les résultats qu'ils cherchent à obtenir.

Déjà même on sait que, dans quelques fabriques de soude et de bleu de Prusse, dont le voisinage est si redoutable lorsqu'on emploie les procédés ordinaires, on commence à faire usage d'opérations nouvelles au moyen desquelles les gaz acides muriatique, hydrogène sulfuré, sont si bien coërcés, absorbés ou dilatés, qu'à peine même sont-ils sensibles dans l'intérieur des fabriques; mais il reste à savoir si ces opérations faites en grand auront du succès, et si leur emploi n'est pas lui-même sujet à quelques inconvéniens.

» 2°. Les ateliers, établissemens et fabriques compris dans la seconde classe du tableau, n'ont pas été jugés par la Commission être dans le cas qu'on exigeât qu'ils fussent aussi éloignés des lieux habités que ceux compris dans la première classe; mais cependant elle a pensé qu'il était indispensable de les surveiller.

» Pour bien sentir les motifs de cette opinion, il suffit de savoir que la plupart des opérations qui se pratiquent dans ces établissemens, ne peuvent produire de vapeurs nuisibles qu'autant qu'on ne prend pas tous les soins qui conviennent pour opérer leur condensation. Or, comme les procédés et les appareils au moyen desquels on parvient aisément à s'en rendre maître sont aujourd'hui parfaitement connus et presque généralement adoptés, on n'a besoin que de recommander qu'ils soient employés ; et il est indubitable qu'ils le seront, lorsque les propriétaires des fabriques dont ils s'agit sauront qu'on les surveille, et que la moindre négligence de leur part pourrait les exposer à recevoir l'ordre de cesser leurs travaux.

» Il faut cependant convenir que, dans plusieurs des fabriques comprises dans cette seconde classe, quelque précaution qu'on prenne pour bien luter les appareils (1), il y a toujours des gaz qui se séparent et qui sans doute incommoderaient les voisins, si leur quantité n'était pas si peu considérable, que rarement ils dépassent l'intérieur des ateliers : aussi les ouvriers qui y travaillent seraient-ils les seuls fondés à s'en plaindre, si l'habitude de les respirer ne les rendait pas, pour ainsi dire, insensibles à leur action.

» C'est ainsi, par exemple, que lorsqu'on entre dans les fabriques d'acide sulfurique, nitrique et muriatique simple et oxigéné, on est frappé tout à coup de l'odeur de ces acides, tandis que les ouvriers s'en aperçoivent à peine, et qu'ils n'en

______

(1) *Luter,* enduire de *lut. Lut,* terme de Chimie, qui signifie un enduit pour boucher les vases.

sont incommodés que quand, faute de prévoyance, ils en respirent beaucoup à la fois.

» Au surplus, peut-être serait-il prudent d'exiger que surtout les grandes fabriques d'acides fussent placées à l'extrémité des villes, dans des quartiers peu peuplés, et qu'elles fussent disposées de manière à ce que, dans le cas où quelques gaz viendraient à s'en échapper, ils pussent être entraînés sur-le-champ par des courans d'air. Cette précaution suffirait pour mettre les voisins à l'abri de toute espèce d'inquiétude.

» 3°. Quant aux établissemens indiqués dans la troisième classe, la commission est d'avis qu'il y a d'autant moins d'inconvénient à permettre qu'ils soient placés près des habitations, que, sous aucun rapport, ils ne peuvent être nuisibles, et que les précautions qu'on a droit d'exiger des propriétaires de ces établissemens sont les mêmes que celles que tous les individus qui vivent en société prennent ordinairement, lorsqu'ils ne veulent pas se nuire réciproquement.

» Reste maintenant à s'occuper d'une demande que le Ministre a faite, et qui est relative à la distance des habitations que doivent observer les fabriques dont l'éloignement est jugé nécessaire et indispensable.

» La Commission ne doit pas se dissimuler

qu'en méditant sur cette demande, elle s'est trouvée fort embarrassée pour y répondre.

» En effet, on conçoit facilement que, toutes les localités n'étant pas les mêmes, si l'on établissait la distance où doivent être placées les manufactures des lieux habités, il en résulterait que souvent un local assez voisin d'habitations pourrait cependant, par la nature même de sa position, convenir à l'établissement d'une manufacture, sans que les habitans des maisons les plus voisines fussent dans le cas de s'apercevoir des vapeurs qui s'exhaleraient de cet établissement. Ainsi, par exemple, on suppose un local placé dans un fond, et environné, du côté des endroits habités, par de hautes montagnes : assurément un local semblable, quoique voisin d'habitations, n'offrirait aucun inconvénient pour y placer une fabrique, puisque les vapeurs, avant de parvenir au sommet des montagnes, auraient été forcées de traverser une grande masse d'air atmosphérique, où elles auraient perdu, en s'y dissolvant, toute leur propriété insalubre. Cette supposition, qu'on cite pour exemple, paraîtra d'autant moins déplacée, qu'il est possible de la justifier par un fait dont un des membres de la Commission vient tout récemment d'être témoin. Ce fait mérite d'être cité.

» Un fabricant de soude artificielle, après avoir été obligé de quitter un emplacement dans lequel il avait fait ses premiers essais, parce que ses voisins se plaignaient de la vapeur acide à laquelle ils étaient exposés, imagina avoir trouvé un endroit qui ne serait pas sujet au même inconvénient que le premier, en se plaçant dans le fond d'une profonde carrière abandonnée, qui, d'un côté, est bordée de montagnes de la hauteur de quatre-vingt-huit mètres, à partir du sol de la carrière, et dont le côté opposé donne sur la campagne. Quelques habitans des maisons construites sur le plateau de ces montagnes conçurent des inquiétudes lorsqu'ils apprirent qu'on allait s'occuper de l'établissement projeté ; ils mirent aussitôt tout en œuvre pour s'y opposer, et ils vinrent à bout, à force de tracasseries, de déterminer le fabricant à abandonner le local qu'il avait choisi, quoique, sous beaucoup de rapports, il eût dû lui convenir.

» Une autre raison encore qui prouve la difficulté d'établir dans un règlement, d'une manière exacte, la distance qu'on doit assigner aux fabriques qui sont dans le cas d'être éloignées, c'est que les gaz qu'elles répandent n'étant ni de même nature, ni également expansibles, ni délétères au même degré, il ne serait pas raisonnable d'exiger qu'elles fussent toutes également forcées à s'isoler des villes ou des lieux habités. Or, comme pour fixer les limites de chaque fabrique, il faudrait avoir des renseignemens positifs tant sur les localités que sur l'extension plus ou moins grande que chaque fabricant voudrait donner à ses travaux, et qu'on ne peut pas se les procurer facilement, il en résulte que, quant à présent, une fixation exacte des distances que doivent observer ces fabriques est presque impossible. Cependant, pour se tirer d'embarras, la Commission a pensé qu'on pourrait adopter provisoirement les moyens suivans, qui consistent à établir en principe général que toutes les fabriques comprises dans la première classe du tableau ne pourront être placées qu'à des distances assez éloignées des villes, pour ne pas incommoder les habitans des maisons les plus voisines, et que, quant au surplus, on s'en rapportera aux autorités chargées de la surveillance et de la police des fabriques; attendu que, par la nature de leurs fonctions, elles sont plus à portée que personne de se procurer des informations sur les avantages ou sur les inconvéniens que pourraient présenter les localités où les fabricans voudront s'établir.

» A ces moyens on pourrait encore ajouter la précaution d'exiger de tout fabricant qui voudra s'établir, une déclaration de l'endroit où il a intention de se placer, ainsi que du genre d'opérations qu'il se propose de suivre, et de ne lui accorder la permission de commencer ses travaux qu'après l'avoir prévenu que, dans le cas où il surviendrait des plaintes contre lui, plaintes qui seraient constatées par des personnes en état de juger si elles sont légitimes, il lui serait enjoint de fermer sa fabrique et de la porter ailleurs. On serait bien sûr alors que le fabricant qui ne voudrait pas courir le risque de perdre les dépenses qu'il aurait faites, ne manquerait pas de choisir un emplacement où il serait à l'abri de tout reproche.

» La Commission est d'autant plus fondée à croire au succès des moyens qui viennent d'être proposés, que déjà l'expérience a prononcé en leur faveur.

» Pour en avoir la preuve, il suffit de savoir que, depuis trois ans environ, aucune fabrique ne peut s'établir, soit dans Paris, soit aux environs, sans une permission spéciale, laquelle n'est accordée que lorsque des personnes nommées à cet effet se sont transportées sur les lieux, et ont constaté si les fours, les fourneaux, les cheminées et généralement tous les bâtimens sont construits de manière à ne donner aucune inquiétude sous le rapport de l'incendie, et si les opérations que le fabricant se propose d'exécuter ne sont pas de nature à nuire aux propriétaires voisins.

» C'est, on le répète, avec de semblables mesures qu'on est parvenu à éloigner plusieurs fabriques qui, si elles eussent été placées où on voulait les établir, n'auraient pas manqué de donner lieu à des plaintes bien fondées, et auxquelles par conséquent il aurait été impossible de ne pas faire droit sans commettre une injustice.

» Dans toutes les fabriques actuellement existantes, celles où, depuis quelque temps, on s'occupe de l'extraction de la soude en décomposant le sel marin, ont excité de vives réclamations, qui malheureusement ne sont que trop fondées. Pour s'en convaincre, il suffit de savoir qu'il est de notoriété publique que presque toutes les propriétés voisines de ces fabriques ont tellement été endommagées, qu'il a fallu souvent les abandonner; on cite même, entre autres choses, des récoltés entières, dans l'étendue à peu près d'un quart de lieue, qui ont été entièrement détruites.

» Assurément, des fabriques de cette espèce doivent être plus éloignées que d'autres, et les localités qui leur conviennent sont celles qui, à une très grande distance, sont environnées de terrains inhabités et incultes. Cependant, cette condition ne devra être de rigueur qu'autant que les fabricans de soude artificielle persisteront à se servir du procédé qu'ils ont employé jusqu'ici pour se débarrasser de l'acide muriatique qu'ils dégagent du sel marin; car si, comme on l'a déjà dit, ils en trouvaient un autre au moyen duquel ils parvinssent à s'opposer à l'évaporation de l'acide, il n'y aurait plus alors le moindre doute que les fabriques de soude pourraient être assimilées à beaucoup d'autres qui n'exigent pas un éloignement très considérable des lieux habités.

» D'après toutes les considérations exposées dans ce rapport, la Commission propose à la classe de répondre à S. E. le Ministre de l'Intérieur :

» 1°. Que toutes les fabriques existantes, soit dans les villes, soit aux environs, n'étant pas également susceptibles de devenir incommodes, de nuire à la salubrité, et de causer des inquiétudes par rapport aux accidens auxquels elles peuvent donner lieu, leur éloignement des endroits habités n'est pas non plus également nécessaire;

» 2°. Que pour établir les différences qui existent entre ces fabriques, considérées sous le rapport des inconvéniens dont elles sont susceptibles, il convient de les diviser en trois classes;

» 3°. Que dans la première classe on peut placer les fabriques qui, donnant naissance à des émanations incommodes et insalubres, doivent nécessairement être éloignées des habitations;

» 4°. Que les fabriques de la seconde classe, formée de toutes celles qui, ne devenant susceptibles d'inconvéniens qu'autant que les opérations qu'on y pratique sont mal exécutées, doivent être soumises à une surveillance exacte et sévère, sans exiger qu'elles soient aussi éloignées que les premières. Seulement il serait à désirer que les grandes fabriques d'acides minéraux fussent toujours placées à l'extrémité des villes, dans des quartiers peu peuplés;

» 5°. Que les fabriques de troisième classe, n'étant sujettes à aucun inconvénient, n'offrent point de motifs pour qu'on ne consente pas à ce qu'elles soient placées près des habitations;

» 6°. Qu'il est difficile, pour ne pas dire impossible, de déterminer les distances où il doit être permis aux fabricans de la première classe de s'établir; mais qu'il est à propos de leur imposer d'une manière générale l'obligation de s'éloigner des lieux habités;

» 7°. Que provisoirement on pourrait laisser aux autorités chargées de la police et de la surveillance des fabriques, le soin de s'assurer si les localités choisies par les fabricans sont à une assez grande distance des habitations, ou placées de manière à ne pas porter préjudice à leurs voisins;

» 8°. Que tout fabricant qui voudra s'établir sera tenu de demander la permission aux autorités compétentes, et désignera en même temps le genre d'industrie qu'il se propose d'exercer;

» 9°. Qu'avant de délivrer la permission demandée, le fabricant sera averti que, dans le cas où l'expérience prouverait que les localités qu'il a choisies ne sont pas suffisamment éloignées, et que les vapeurs qui s'exhalent de la fabrique sont nuisibles sous le rapport de la salubrité ou autrement, il lui sera enjoint de porter ailleurs son établissement;

» 10°. Que les fabricans de soude artificielle doivent être rigoureusement astreints à se placer dans des endroits inhabités et incultes, tant qu'ils n'auront pas trouvé d'autre moyen pour se débarrasser de l'acide muriatique qu'ils séparent du muriate de soude, que de le laisser perdre dans l'atmosphère;

» 11°. Enfin, que les mesures à prendre n'auront pas un effet rétroactif pour les fabriques ou établissemens déjà en activité, pourvu toutefois qu'on ait la certitude qu'il n'y a pas dans leurs travaux une interruption de plus de six mois ou un an, et pourvu aussi qu'on ait la preuve que les opérations qu'on y pratique ne sont pas susceptibles de compromettre la salubrité, et de porter atteinte aux propriétés des voisins. »

Les bases de ce rapport ont été approuvées par le Ministre de l'Intérieur, et c'est sur elles qu'il a établi le projet du décret adopté en Conseil d'État, le 15 octobre 1810.

Voici le texte de ce décret :

« ART. 1er. A compter de la publication du présent décret, les manufactures et ateliers qui répandent une odeur insalubre ou incommode ne pourront être formés sans une permission de l'autorité administrative. Ces établissemens seront divisés en trois classes.

» La première classe comprendra ceux qui doivent être éloignés des habitations particulières;

» La seconde, les manufactures et ateliers dont l'éloignement des habitations n'est pas rigoureusement nécessaire, mais dont il importe néanmoins, de ne permettre la formation qu'après avoir acquis la certitude que les opérations qu'on y pratique sont exécutées de manière à ne pas incommoder les propriétaires du voisinage, ni à leur causer des dommages;

» Dans la troisième classe seront placés les établissemens qui peuvent rester sans inconvénient auprès des habitations, mais doivent rester soumis à la surveillance de la Police.

» 2. La permission nécessaire pour la formation des manufactures et ateliers compris dans la première classe sera accordée avec les formalités ci-après, par un décret rendu en notre Conseil d'État;

» Celle qu'exigera la mise en activité des établissemens compris dans la seconde classe le sera par les préfets, sur l'avis du sous-préfet.

» Les permissions pour l'exploitation des établissemens placés dans la dernière classe seront délivrées par les sous-préfets, qui prendront préalablement l'avis des maires.

» 3. La permission pour les manufactures et fabriques de première classe ne sera accordée qu'avec les formalités suivantes :

» La demande en autorisation sera présentée au préfet, et affichée par son ordre dans toutes les communes, à cinq kilomètres de rayon.

» Dans ce délai, tout particulier sera admis à présenter ses moyens d'opposition.

» Les maires des communes auront la même faculté.

» 4. S'il y a des oppositions, le Conseil de Préfecture donnera son avis, sauf la décision au Conseil d'État.

» 5. S'il n'y a pas d'opposition, la permission sera accordée, s'il y a lieu, sur l'avis du préfet et le rapport de notre Ministre de l'Intérieur.

» 6. S'il s'agit de fabrique de soude, ou si la fabrique doit être établie dans la ligne des douanes, notre directeur général des douanes sera consulté.

» 7. L'autorisation de former des manufactures et ateliers compris dans la seconde classe ne sera accordée qu'après que les formalités suivantes auront été remplies :

» L'entrepreneur adressera d'abord sa demande au sous-préfet de son arrondissement, qui la transmettra au maire de la commune dans laquelle on projette de former l'établissement, en le chargeant de procéder à des informations *de commodo et incommodo*. Ces informations terminées, le sous-préfet prendra sur le tout un arrêté, qu'il transmettra au préfet ; celui-ci statuera, sauf le recours à notre Conseil d'État par toutes parties intéressées.

» S'il y a opposition, il y sera statué par le Conseil de Préfecture, sauf le recours au Conseil d'État.

» 8. Les manufactures et ateliers où établissemens portés dans la troisième classe, ne pourront se former que sur la permission du Préfet de

Police, à Paris, et sur celle du maire dans les autres villes.

» S'il s'élève des réclamations contre la décision prise par le Préfet de Police ou les maires, sur une demande en formation de manufactures ou d'ateliers compris dans la troisième classe, elles seront jugées au Conseil de Préfecture.

» 9. L'autorité locale indiquera le lieu où les manufactures et ateliers compris dans la première classe pourront s'établir, et exprimera sa distance des habitations particulières. Tout individu qui ferait des constructions dans le voisinage de ces manufactures et ateliers, après que la formation en aura été permise, ne sera plus admis à en solliciter l'éloignement.

» 10. La division en trois classes des établissemens qui répandent une odeur insalubre ou incommode aura lieu conformément au tableau annexé au présent décret ; elle servira de règle toutes les fois qu'il sera question de prononcer sur les demandes en formation de ces établissemens.

» 11. Les dispositions du présent décret n'auront point d'effet rétroactif ; en conséquence, tous les établissemens qui sont aujourd'hui en activité continueront à être exploités librement, sauf les dommages dont pourront être passibles les entrepreneurs de ceux qui préjudicient aux propriétés de leurs voisins. Les dommages seront arbitrés par les tribunaux.

» 12. Toutefois, en cas de graves inconvéniens pour la salubrité publique, la culture ou l'intérêt général, les fabriques et ateliers de première classe qui les causent pourront être supprimés en vertu d'un décret rendu en notre Conseil d'État, après avoir entendu la police locale, pris l'avis des préfets, reçu la défense des manufacturiers ou fabricans.

» 13. Les établissemens maintenus par l'article 11 cesseront de jouir de cet avantage dès qu'ils seront transférés dans un autre emplacement, ou qu'il y aura une interruption de six mois dans leurs travaux. Dans l'un et l'autre cas, ils rentreront dans la catégorie des établissemens à former, et ils ne pourront être remis en activité qu'après avoir obtenu, s'il y a lieu, une nouvelle permission.

» 14. Nos Ministres de l'Intérieur et de la Police générale sont chargés de l'exécution du présent décret. »

A la suite de ce décret, se trouve une nomenclature des établissemens dont l'exploitation donne lieu à des exhalaisons insalubres ou incommodes, suivant l'ordre des classes dans lesquelles ils sont rangés.

(29)

Le décret du 15 octobre 1810 était d'une application facile en apparence. On ne tarda pas toutefois à s'apercevoir qu'il contenait des lacunes qu'il fallait remplir, et des dispositions contradictoires ou obscures qui nécessitaient un changement de rédaction. De là l'état supplémentaire arrêté par le Ministre de l'Intérieur, le 22 novembre 1811, et l'ordonnance réglémentaire du 14 janvier 1815.

Cette ordonnance, indépendamment des changemens opérés dans la nomenclature, en apporta aussi à plusieurs des formalités à remplir pour l'établissement de ces sortes de manufactures et d'ateliers. Elle est ainsi conçue :

« ART. 1er. A compter de ce jour, la nomenclature jointe à la présente ordonnance, servira seule de règle pour la formation des établissemens répandant une odeur insalubre ou incommode.

» 2. Le procès-verbal d'information *de commodo et incommodo,* exigé par l'art. 7 du décret du 15 octobre 1810 pour la formation des établissemens compris dans la seconde classe de la nomenclature, sera pareillement exigible, en outre de l'affiche de demande, pour la formation de ceux compris dans la première classe.

» Il n'est rien innové aux autres dispositions de ce décret.

» 3. Les permissions nécessaires pour la formation des établissemens compris dans la troisième classe seront délivrées, dans les départemens, conformément aux articles 2 et 8 du décret du 15 octobre 1810, par les sous-préfets, après avoir pris préalablement l'avis des maires et de la police locale.

» 4. Les attributions données aux préfets et aux sous-préfets par le décret du 15 octobre 1810, relativement à la formation des établissemens répandant une odeur insalubre ou incommode, seront exercées par notre Directeur général de la Police (aujourd'hui Préfet de Police) dans toute l'étendue du département de la Seine, et dans les communes de Saint-Cloud, Meudon et de Sèvres, du département de Seine-et-Oise.

» 5. Les préfets sont autorisés à faire suspendre la formation ou l'exercice des établissemens nouveaux qui, n'ayant pu être compris dans la nomenclature précitée, seraient cependant de nature à y être placés. Ils pourront accorder l'autorisation d'établissement pour tous ceux qu'ils jugeront devoir appartenir aux deux dernières classes de la nomenclature, en remplissant les formalités prescrites par le décret du 15 octobre 1810, sauf, dans les deux cas, à en rendre compte à notre Directeur général des manufactures et du commerce (aujourd'hui Ministre de l'Intérieur). »

L'expérience commanda encore de nouveaux changemens dans la classification des établisse-mens répandant une odeur insalubre et incommode. Ces changemens partiels furent opérés par les ordonnances des 29 juillet 1818, 25 juin et 2 avril 1823, et 20 août 1824.

L'introduction en France des machines à vapeur, et le danger dont elles peuvent être pour le voisinage, nécessita aussi, de la part du Gouvernement, leur classement dans l'une des trois catégories établies antérieurement. L'ordonnance du 29 octobre 1823 y pourvut, en plaçant celles qui sont à haute pression, ou celles dans lesquelles la force élastique de la vapeur fait équilibre à plus de deux atmosphères, lors même qu'elles brûleraient complètement leur fumée, au nombre des établissemens de deuxième classe, en commandant des précautions particulières dont nous parlerons par la suite.

Enfin, une ordonnance du 1er mars 1825 vint comprendre ces divers changemens dans une nomenclature générale qui, jointe à celle qui se trouve annexée à l'ordonnance du 14 janvier 1815, en la rectifiant, a établi le dernier état de la législation sur la matière. De plus, cette ordonnance élargit de beaucoup le cadre des ordonnances antérieures. Jusque là en effet il n'avait été question que des ateliers répandant une odeur insalubre ou incommode : l'ordonnance du 1er mars 1825 embrassa les établissemens *dangereux, insalubres* ou *incommodes;* et dès lors ce n'est plus uniquement sous le rapport des exhalaisons méphytiques, que la liberté de former ces établissemens a été restreinte, mais encore sous le point de vue plus grave du danger qui peut résulter de plusieurs d'entre eux.

Nous devons ajouter qu'une ordonnance du 5 novembre 1826 est venue grossir encore la liste nombreuse des établissemens déjà classés; et il y a lieu de croire que l'avenir ne fera qu'augmenter cette nomenclature, qui atteste en même temps les développemens de notre industrie et la sollicitude du Gouvernement pour mettre les tiers à l'abri des inquiétudes et des désagrémens causés par le voisinage de la plupart de ces établissemens.

Au lieu de rapporter la nomenclature telle qu'elle se trouve placée à la suite du décret du 15 octobre 1810, et des autres ordonnances qui ont apporté des augmentations ou des modifications à la première, nous avons préféré donner à la suite de ce Traité un état général, et par ordre alphabétique, de tous les ateliers et établissemens classés.

CHAPITRE II.

SECTION PREMIÈRE.

Règles générales qui s'appliquent aux trois classes.

Nous avons déjà dit quels sont les caractères qui doivent faire ranger dans chacune des trois classes, un établissement réputé dangereux, insalubre ou incommode. Nous allons entrer maintenant dans les détails relatifs aux formalités à remplir pour obtenir l'autorisation nécessaire à la formation de ces établissemens, et rechercher quelles sont les causes d'opposition de la part des tiers, et comment il y est statué.

La permission de former les établissemens de première classe, ou de les transférer, ne peut être accordée que par le Roi, en Conseil d'État, après affiches et procès-verbaux *de commodo et incommodo*, de l'avis des préfets et des agens forestiers, s'il y a lieu, et sur le rapport du Ministre de l'Intérieur.

La permission de former les établissemens de seconde classe ne peut être accordée qu'après une enquête *de commodo et incommodo* dressée par le maire, de l'avis du sous-préfet, et par un arrêté du préfet.

Enfin, la permission de former les établissemens de troisième classe ne peut être accordée que par le Préfet de Police à Paris, et dans les départemens par les sous-préfets, après avoir pris préalablement l'avis des maires et de la police locale.

Telles sont les règles de pure administration, tracées dans le décret du 15 octobre 1810 et dans l'ordonnance réglémentaire du 14 janvier 1815.

Mais lorsque les tiers forment opposition aux établissemens de ce genre, le domaine du contentieux administratif commence, et il doit y être statué dans la forme ordinaire, c'est-à-dire que le Conseil de Préfecture, remplissant les fonctions de tribunal de première instance administratif, donne son avis sur la validité des oppositions lorsqu'il s'agit d'un établissement de première classe, et prononce par voie de jugement s'il s'agit d'un établissement de deuxième classe : bien entendu que cet arrêté peut être ensuite dénoncé au Conseil d'État, par le ministère d'un avocat exerçant auprès de ce Conseil, qui juge alors en dernier ressort et sans aucun recours possible.

En dehors de ces deux degrés de la juridiction administrative, il existe des corps dont les lumières peuvent être mises à profit par chacune de ces autorités et par les préfets.

Ainsi, un comité consultatif des arts et manufactures est établi auprès du ministère de l'intérieur, et composé d'hommes expérimentés dans les arts chimiques et mécaniques ; il peut donner son avis sur toutes les questions qui lui sont renvoyées. Le Conseil de Salubrité établi auprès de la préfecture de police de Paris, est aussi consulté, soit par le Préfet, soit par le Ministre de l'Intérieur ou par le Conseil d'État, sur les demandes en autorisation ou sur les oppositions qui y sont formées.

Quant à ce qui concerne plus particulièrement la juridiction du Conseil d'État sur cette matière, nous ne saurions mieux faire que de rapporter un passage dans lequel M. de Cormenin (1) a donné une analyse aussi concise qu'exacte des règles qui résultent de la jurisprudence de ce Conseil : « Du principe que le Conseil d'État procède à la fois, dans cette matière, par voie de haute juridiction et de haute police, il suit :

______

(1) Questions de droit administratif (3e édit., t. II, pag. 475 et suiv.).

» Que le Conseil d'État statue en matière contentieuse sur les arrêtés des préfets (1), sur les arrêtés des Conseils de Préfecture rendus sur les oppositions, soit des particuliers, soit des maires, soit des fabricans (2);

» Qu'il peut par la même voie, et de même que les Conseils de Préfecture, ordonner, sur l'opposition des tiers ou dans l'intérêt public, la suppression ou l'éloignement des fabriques insalubres ou incommodes (3);

» Ou accorder au fabricant, même en suspendant la mise en activité de la manufacture, la faculté par lui sollicitée, de construire de nouveaux appareils jugés propres à écarter tout danger ou incommodité (4);

------

(1) *Voy*. Déc. régl. du 15 octobre 1810, art. 7; — Ord. du 3 mars 1825.

(2) *Voy*. Ord. des 18 avril 1821, 19 février 1823, 22 décembre 1824.

(3) Le Préfet de Police à Paris, et les Préfets dans les départemens, sont compétens pour suspendre les établissemens nouveaux, et qu'ils jugeraient susceptibles d'être classés, jusqu'à ce qu'ils aient rempli les conditions prescrites par les lois et réglemens. *Voy*. Arrêté régl. du 12 messidor an VIII, art. 23; —Ord. régl. du 14 janvier 1815; —Ord. du 19 mars 1823.

(4) *Voy*. Déc. du 1er février 1813; — Ord. des 3 juin 1818, 19 mars 1823.

» Ou ordonner, pour éclairer ou pour compléter l'instruction, qu'avant faire droit, il sera procédé, selon les classes, par les soins de l'administration, à une enquête *de commodo et incommodo*, si fait n'a été, ou à des vérifications et expertises, pour, sur le vu desdites procédures, être statué ce qu'il appartiendra (1);

» Ou réserver, tout en rejetant la requête, la faculté de se pourvoir en nouvelle autorisation (2);

» Ou ne donner, dans l'intérêt de la salubrité des tiers, que des autorisations conditionnelles ou limitatives, sous peine de révocation ou suspension, à défaut de l'exécution des conditions imposées (3);

» Ou prescrire des mesures de précaution, soit d'après l'avis du comité consultatif des arts et manufactures, et du Conseil de Salubrité (4),

---

(1) *Voy.* Ord. du 29 août 1821. — Le Garde des Sceaux exerce la même faculté, en rendant une ordonnance de l'avis du Comité du contentieux. *Voy.* Ord. de ce ministre, du 5 juillet 1823.

(2) *Voy.* Ord. du 30 mai 1821.

(3) *Voy.* Ord. des 14 juillet, 17 novembre 1819; 27 décembre 1820; 2 et 23 juillet 1823; 14 avril 1824.

(4) *Voy.* Déc. du 6 septembre 1813; — Ord. des 24, 31 mars, 12 mai 1819; 30 mai 1821; 1er mai 1822.

soit d'après l'avis du Préfet de Police, à Paris, sur le rapport de l'architecte voyer (1);

» Ou interdire, en l'état, les exploitations maintenues par les arrêtés des Conseils de Préfecture dès qu'il annule (2);

» Ou rejeter les oppositions qui ne se fondent que sur la crainte d'une concurrence nuisible à des intérêts particuliers (3). »

Nous verrons par la suite le développement de ces divers principes, et nous arriverons ainsi à constater le dernier état de la jurisprudence du Conseil du Roi, en matière d'ateliers dangereux, insalubres ou incommodes.

Nous expliquerons plus tard les circonstances relatives à chaque classe, et nous allons pour le moment examiner les règles générales de la matière.

D'abord, nous ne devons point passer sous silence une disposition transitoire fort importante, contenue dans le décret du 15 octobre 1810; c'est que les manufactures, établissemens et ateliers qui étaient en activité au moment de l'émission

___

(1) *Voy.* Ord. des 16 janvier, 31 juillet 1822; 19 février 1823.

(2) *Voy.* Ord. des 23 janvier 1820 et 29 octobre 1823.

(3) Déc. du 5 janvier 1813; — Ord. du 23 juin 1819.

de ce décret, ne peuvent être supprimés que dans le seul cas d'une interruption de six mois dans leurs travaux (1).

Ces établissemens ont en effet acquis un droit que le législateur n'aurait pu leur enlever sans se mettre en opposition avec les règles les plus simples de l'équité naturelle, et il aurait donné à ce décret un effet rétroactif que rien ne saurait justifier.

Cependant, comme d'un autre côté il fallait prévoir les abus et y remédier autant que possible, on a déclaré qu'une interruption de six mois dans les travaux ôtait à ces établissemens le droit acquis en leur faveur par le seul fait de leur existence au moment de la promulgation du décret de 1810.

Si donc les propriétaires d'établissemens ainsi suspendus pendant six mois, veulent reprendre leurs travaux, il faut qu'ils obtiennent une nouvelle autorisation, et, dans ce cas, l'opposition des tiers est recevable (2).

Il faut aussi que l'ancien établissement ne su-

______

(1) Décret du 7 février 1813. — Sirey, t. II, pag. 268.

(2) Décret du 19 février 1813. — Sirey, *idem, ibidem,* — Ord. des 29 octobre 1823, et 3 mars 1825. — Macarel, t. V, pag. 687 et t. VII, pag. 120.

bisse aucun changement, et qu'il ne soit pas déplacé, même en partie (1).

Mais l'arrêté d'un préfet touchant un atelier prétendu insalubre, et le conservant comme ayant existé antérieurement au décret du 15 octobre 1810, est-il un acte administratif?

Cette question a été résolue affirmativement par un décret du 29 janvier 1814 (2), qui a déclaré que c'était dès lors devant le Ministre de l'Intérieur, et non devant le Conseil d'État, que l'on devait se pourvoir pour attaquer cet arrêté.

Nous devons ajouter aussi que la règle concernant le droit acquis en faveur des établissemens formés avant le décret du 15 octobre 1810 n'est pas absolue. Ce décret renferme, dans son article 12, une exception relative au cas de graves inconvéniens pour la salubrité publique, la culture ou l'intérêt général, qui résulteraient des fabriques et ateliers rangés par leur nature dans la première classe. Alors ces établissemens peuvent être supprimés, en vertu d'un décret rendu en Conseil d'État, après avoir entendu la police

---

(1) Ord. du 17 novembre 1824. — Macarel, t. VII, pag. 460.

(2) Sirey, t. II, pag. 505.

locale, pris l'avis du préfet, et reçu la défense des manufacturiers et fabricans.

Ainsi ce n'est qu'à titre d'avis que le préfet, en Conseil de Préfecture, peut prendre connaissance d'une semblable cause. Le Conseil qui, dans ce cas, rendrait un arrêté au lieu d'un simple avis, s'exposerait à voir son jugement annulé par le Conseil d'État (1).

SECTION II.

De l'expertise.

Nous avons dit plus haut que des experts étaient souvent nommés pour examiner si les établissemens projetés n'offraient aucun inconvénient pour la salubrité publique. Mais, en cas d'opposition, à qui cette nomination appartient-elle? et soit les opposans, soit le demandeur en autorisation, ont-ils le droit de récuser les experts?

Cette question, comme on le voit, mérite d'être examinée.

Le titre 14 du 2e livre du Code de procédure civile a réglé tout ce qui concerne l'expertise en matière ordinaire.

Ainsi, lorsqu'il y a lieu à un rapport d'experts,

____

(1) Sirey, t. II, pag. 96.

ce rapport est ordonné par un jugement qui doit énoncer clairement les objets de l'expertise, qui ne peut se faire que par trois experts, à moins que les parties ne consentent à ce qu'il y soit procédé par un seul.

Les parties ont le droit de nommer les experts et celui de les récuser, etc.

Ces règles, qui semblent de droit commun, ne sont pourtant pas rigoureusement suivies en matière administrative. C'est du moins ce qui résulte d'un motif ainsi conçu, de l'ordonnance du 17 novembre 1819 : « Considérant que le mode de nomination d'experts, tel qu'il est prescrit par le Code civil et par le Code de procédure, n'est pas d'obligation pour les actes d'administration ; que d'autres modes de nomination ont été tracés, postérieurement à la publication desdits Codes, par diverses lois et ordonnances, notamment par la loi du 16 septembre 1807 et l'ordonnance du 25 juin 1817 (1). »

Il est vrai que, malgré cette disposition, l'ordonnance dont nous venons de parler porte en outre qu'il est de règle et d'usage, en administration, de laisser aux parties le soin de choisir leurs experts, et qu'il ne leur en est donné d'of-

---

(1) Sirey, t. V, pag. 251.

fice que sur leur refus, et quand elles ont été mises en demeure.

Ainsi, malgré la règle générale, posée dans le premier motif que nous avons cité, de l'ordonnance du 17 novembre 1819, la nomination des experts semblerait réservée aux parties, si elles entendent exercer ce droit. Nous ajouterons qu'une autre ordonnance du 18 avril 1821, a repoussé un pourvoi dans lequel on invoquait comme moyen de forme l'irrégularité d'une nomination d'experts provenant de ce que le Conseil de Préfecture n'avait pas suivi la marche tracée par le titre XIV du IIe livre du Code de procédure. Cette ordonnance repose sur le motif implicite que le décret du 15 octobre 1810, et l'ordonnance du 14 janvier 1815, ne prescrivent aucune formalité particulière à cet égard (1).

Il peut arriver aussi qu'indépendamment d'une expertise contradictoire entre les parties, le Conseil de Préfecture ou le Conseil d'État ordonne une expertise d'office pour éclairer davantage sa religion (2).

Du reste, il est des règles si simples et si na-turelles, qu'elles existent même en matière admi-

---

(1) Macarel, t. I, pag. 473.
(2) Ord. du 19 janvier 1823. — Macarel, t. V, p. 81.

nistrative, sans y avoir été spécialement prévues. Ainsi, point de doute que s'il est constant et s'il résulte de l'instruction d'une affaire , que les experts, pendant le temps de leurs opérations, ont mangé, bu et logé chez celui dans l'intérêt duquel se faisait l'expertise, il y a lieu d'accueillir les moyens de récusation énoncés aux art. 283 et 310 du Code de procédure civile, et d'annuler leur procès-verbal (1).

SECTION III.

Établissemens non classés.

Enfin, dans le cas où un établissement non classé s'élèverait, s'il présente les inconvéniens reconnus aux ateliers de première classe, les préfets sont autorisés à en suspendre la formation ou l'exercice; si au contraire le nouvel établissement est jugé devoir appartenir aux deux dernières classes, ce magistrat peut en accorder l'autorisation, en soumettant toutefois le propriétaire aux formalités prescrites par le décret du 15 octobre 1810, sauf alors à en rendre compte au Ministre de l'Intérieur. (Ord. du 14 janv. 1815, art. 5.)

---

(1) Déc. du 15 juin 1812. — Sirey , t. II, pag. 75.

Mais pour que la disposition de cet article soit applicable, il faut que l'exploitation constitue une industrie nouvelle.

C'est ce qui a été jugé par le Conseil d'État, dans une affaire où une dame Goulliard demandait l'annulation d'une décision du Ministre de l'Intérieur, approuvant un arrêté du Préfet de la Somme, qui refusait de considérer une forge dans laquelle on fabriquait des enclumes et des essieux, comme susceptible de rentrer dans l'une des deux dernières classes de la nomenclature. Le Conseil d'État décida très sagement qu'un semblable établissement ne constitue pas une industrie nouvelle, et que dès lors les dispositions de l'art. 5 de l'ordonnance réglémentaire du 14 janvier 1815, n'avaient pu être appliquées (1).

Le Conseil d'État s'est écarté une seule fois de cette règle, et nous aurons occasion par la suite de faire connaître dans quelle circonstance.

____

(1) Ord. du 2 août 1826.

CHAPITRE III.

RÈGLES CONCERNANT LES ÉTABLISSEMENS DE PREMIÈRE CLASSE.

SECTION PREMIÈRE.

Compétence.

ON a vu dans le précédent chapitre, dans l'article 2 du décret du 15 octobre 1810, et dans l'article 2 de l'ordonnance réglémentaire du 14 janvier 1815, les formalités imposées pour la demande en autorisation d'un établissement de première classe.

Nous allons maintenant rechercher les diverses compétences administratives ; nous examinerons ensuite la jurisprudence du Conseil d'État en pareille matière.

C'est en sa qualité de souverain administrateur que le Roi s'est réservé le droit exclusif d'accorder l'autorisation de former un établissement de première classe.

Aucun recours n'est donc ouvert contre les

décisions royales prises sur l'avis des préfets et le rapport du Ministre de l'Intérieur, et refusant l'autorisation nécessaire aux établissemens de cette nature.

C'est ce qui a été jugé dans l'espèce suivante :

Le sieur Pernet, fabricant de colle blanche à Clichy-la-Garenne (Seine), s'adressa, en janvier 1823, à M. le Préfet de Police de Paris, pour obtenir la permission de fabriquer la colle-forte, rangée, par l'ordonnance du 14 janvier 1815, dans la première classe des établissemens insalubres. Il intervint, le 12 février 1823, sur l'avis du Préfet de Police et le rapport du Ministre de l'Intérieur, une ordonnance qui refusa l'autorisation demandée.

Le sieur Pernet s'est pourvu devant le Conseil d'État ; il a demandé que cette ordonnance fût rapportée purement et simplement, attendu que Clichy-la-Garenne contenait un grand nombre d'établissemens de première classe et de la nature du sien ; que d'ailleurs sa fabrication s'opérait par des procédés qui empêchaient les émanations méphytiques et nauséabondes qui se font ordinairement sentir dans le voisinage des fabriques de colle-forte ; qu'en outre, son établissement était placé à l'extrémité du village et dans la meilleure position possible, puisque les vents régnant ordinairement n'y arrivent qu'après avoir passé sur Clichy, et se répandent ensuite dans la plaine; que l'avis du Conseil de Salubrité lui était favorable, et qu'ainsi la justice et l'équité militaient en sa faveur.

Sur la communication de la requête en recours du sieur Pernet au Ministre de l'Intérieur, ce ministre a observé que vingt manufactures insalubres, et quatre-vingts buanderies, non moins incommodes, étaient entassées déjà à Clichy; que c'était le principal motif pour lequel elle n'avait pas cru devoir proposer à Sa Majesté de donner l'autorisation demandée; que les avis favorables qui lui avaient été donnés, et sur lesquels s'appuyait le sieur Pernet, ne pouvaient être obligatoires pour le Roi, et qu'il n'avait pas cru devoir les suivre, de préférence à sa propre conviction.

Le Conseil a rejeté les moyens du sieur Pernet, et, le 13 août 1823, le Roi rendit une ordonnance par laquelle il établit le principe que, pour les établissemens de première classe, aucun recours n'est ouvert, contre les décisions souveraines prises de l'avis des préfets et sur le rapport du Ministre de l'Intérieur.

D'un autre côté, les tiers ne sauraient former opposition devant le Conseil d'État contre l'éta-

blissement de première classe qui aurait été autorisé par ordonnance royale, lorsque cette autorisation a été accordée après une instruction
contradictoire.

Cette doctrine se trouve relatée dans plusieurs
décisions du Conseil, et notamment dans celle que
nous allons rapporter ici.

Le sieur Paillard avait été autorisé, par une ordonnance du 4 avril 1821, à établir à Fontaine-
bleau une fonderie de suif en branches à feu nu;
atelier rangé par l'ordonnance du 14 janvier 1815,
parmi ceux qui composent la première classe.

Les sieurs Lez, Mauy et consorts, voisins de cet
établissement, formèrent opposition à l'ordonnance d'autorisation, devant le Comité du Contentieux. Ils soutinrent que l'ordonnance avait
été obtenue par obreption, au détriment des maisons voisines, qui deviendraient inhabitables par
l'incommodité de la fabrique du sieur Paillard.
Ils établissaient ensuite la validité de leur opposition, et invoquaient à cet effet l'arrêt rendu le
30 mai 1821, dans l'affaire Torcat, contre Mon-
tault; arrêt qui prononce en ces termes : « Considérant que lorsque des tiers se prétendent lésés
dans leurs droits par une ordonnance *autorisant
l'établissement d'une usine,* leur opposition à
cette ordonnance doit être suivie par la voie con-

tentieuse; » d'où, *par analogie,* les demandeurs concluaient que leur opposition était recevable. En conséquence, ils ont demandé l'annulation de l'ordonnance du 4 avril 1821, et ont conclu subsidiairement à ce qu'il fût décidé que l'autorisation qui avait été accordée au sieur Paillard n'était autre chose qu'une mesure de police ; qu'elle n'était point du tout une décision sur le droit ; qu'ils conservaient par conséquent toute action devant les tribunaux, pour obtenir contre le sieur Paillard telles réparations civiles que comporteraient les dommages graves qu'il avait causés à leurs propriétés, en formant auprès de leurs maisons, et sans aucune nécessité, un établissement insupportable, qui diminuait notablement la valeur des propriétés voisines, en raison de leur proximité.

Le sieur Paillard s'est attaché d'abord à prouver que l'opposition était non recevable. Il a dit que l'ordonnance d'autorisation était inattaquable par la voie contentieuse. Il a invoqué à cet effet l'opinion de M. de Cormenin, qui déclare que la voie contentieuse n'est ouverte qu'aux parties qui attaquent, soit une décision du Conseil d'État, prise de l'avis du *Comité contentieux,* soit un décret ou ordonnance rendus sur le rapport d'un ministre, *sans l'intervention du Conseil,* non en matière générale et réglémentaire, mais entre deux ou plusieurs particuliers et l'État, *et sur une matière contentieuse*. La jurisprudence du Conseil est constante sur ce point.

L'arrêt *Torcat* semble contradictoire avec ce principe; mais cette contradiction n'est qu'apparente, par la raison que la matière des eaux n'est pas régie par les mêmes lois que les ateliers insalubres. En matière d'eaux, nulle disposition légale n'oblige à dresser des procès-verbaux *de commodo et incommodo*; dès lors il y a un motif puissant pour admettre, après la concession, les oppositions qui n'ont pu légalement être formées auparavant, et sur lesquelles le Conseil d'État n'a pas encore statué. Mais en fait d'ateliers insalubres, on admet les oppositions pour les établissemens de première classe, *avant* d'accorder l'autorisation. Le Conseil de Préfecture émet *son avis* sur les oppositions, et le Roi en son Conseil est juge de ces mêmes oppositions, lorsqu'il prononce sur l'autorisation. C'est ce qui a été jugé par l'arrêt *Millan* contre *Texada*, du 20 juin 1816.

Le sieur Paillard faisait observer ensuite que le sieur Lez, principal opposant, était mal fondé dans son opposition. Il a cité l'avis du Comité de l'Intérieur, qui avait reconnu : « Que le sieur Lez a construit sa maison, objet de la réclamation, dans le voisinage de l'emplacement dont il s'agit, pendant qu'une fonderie de suif en branche était en activité dans le même emplacement. » D'après la maxime *volenti non fit injuria,* il est incontestable qu'il ne peut se plaindre du voisinage de l'établissement qu'il est lui-même venu chercher. C'est sur cette maxime de droit qu'est fondé l'article 9 du décret du 15 octobre 1810, ainsi conçu : « Tout individu qui ferait des constructions dans le voisinage de ces manufactures et ateliers (de première classe), après que la formation en aura été permise, *ne sera plus admis à en solliciter l'éloignement.* »

Ainsi, sous quelque rapport qu'on puisse examiner l'opposition à l'ordonnance du 4 avril, il est évident qu'elle est non recevable et mal fondée.

Le Conseil l'a jugé ainsi :

« CHARLES, etc., sur le rapport du Comité du Contentieux;

« Vu l'ordonnance royale du 4 avril 1821, dont on demande la rétractation; vu le décret du 15 octobre 1810 et l'ordonnance du 14 janvier 1815;

» Considérant, *sur les conclusions au fond :* 1° que le décret du 15 octobre 1810, a, dans ses articles 2 , 3, 4 et 5, fixé les règles à suivre pour obtenir les autorisations nécessaires à la formation des manufactures et ateliers compris dans la première classe des établissemens qui répandent une odeur insalubre et incommode ; que l'ordonnance du 14 janvier 1815 a classé des fonderies de suif en branches à feu nu, parmi les établissemens de première classe ; — Considérant 2° qu'aux termes desdits décret et ordonnance, dans le cas où il y aurait des oppositions, le Conseil de Préfecture doit donner son *avis*, sauf la décision du Conseil d'État ; que l'ordonnance attaquée, rendue, notre Conseil d'État entendu, à visé les pièces qui constatent que toutes les formalités ont été remplies ; que parmi ces pièces visées se trouve l'avis du Conseil de Préfecture, qui constate que l'affiche de la demande du sieur *Paillard* a eu lieu dans les communes distantes de cinq kilomètres de l'établissement projeté ; — Qu'ainsi l'opposition à ladite ordonnance du 4 avril 1821 ne peut être admise ; — Considérant, *sur les conclusions subsidiaires*, que le décret du 4 octobre 1810 a chargé l'administration de recueillir toutes les informations qui peuvent l'éclairer sur les dangers ou inconvéniens, tant publics que particuliers, auxquels peut donner lieu l'établissement dont l'autorisation est demandée ;

que l'administration supérieure doit prononcer sur les oppositions que pourrait faire naître cette demande; que par conséquent il serait contraire aux règles qui ont fixé la séparation des pouvoirs judiciaire et administratif, d'autoriser devant les tribunaux un recours qui tendrait à faire juger par eux la diminution de valeur que pourrait causer à des propriétés voisines la formation d'un établissement autorisé par une ordonnance qui aurait déjà prononcé sur ces questions :

» ART. 1er. La requête des sieurs *Lez* et consorts, et la requête d'intervention des sieurs *Paulin*, *Leveaux* et *François d'Hury*, sont rejetées. — ART. 2. Les sieurs *Lez* et consorts, les sieurs *Paulin*, *Leveaux*, *François d'Hury*, sont condamnés aux dépens (1). »

Le même principe sur la tardiveté où les tiers se trouvent pour former opposition à un établissement de première classe, lorsque l'instruction a été contradictoire, est confirmé encore par ordonnances des 22 juin et 21 décembre 1825 (2).

Il ne faut point oublier néanmoins que ce n'est qu'après la décision royale que le demandeur en autorisation et les opposans ne peuvent plus exer-

---

(1) Macarel, t. VI, p. 669.
(2) Macarel, t. VII, p. 304 et 728.

cer aucun recours. Tant que l'affaire s'instruit devant le Conseil de Préfecture ou dans les bureaux
du Ministre de l'Intérieur, les recours et oppositions sont toujours recevables. Ainsi, le particulier qui a vu sa demande en autorisation d'un établissement de première classe échouer au Conseil
de Préfecture, peut en interjeter appel devant le
Conseil d'État, et là obtenir une décision favorable (1); et réciproquement les tiers peuvent
former opposition contre un avis du Conseil de
Préfecture qui autoriserait un établissement susceptible de nuire aux propriétés voisines.

Une circonstance pourrait se présenter, qui ap-
porterait une modification au principe général
que, pour les établissemens de première classe,
aucun recours n'est ouvert devant le Conseil
d'État, contre les ordonnances royales prises sur
l'avis des préfets et le rapport du Ministre de
l'Intérieur.

Ce serait le cas où l'ordonnance aurait violé les
formes les plus essentielles. Pourrait-on exciper
alors, dans l'intérêt du fabricant, d'une apparence
de défense contradictoire ? M. de Cormenin in-
cline à penser qu'on ne saurait s'abstenir de recevoir l'opposition, par la voie contentieuse, de la

---

(1) Ord. du 16 janvier 1822. — Macarel, t. III, p. 1.

part des parties lésées, sans quoi, ajoute ce savant maître des requêtes, il pourrait n'y avoir aucun remède aux infractions de règles et de formes les plus étranges.

Il faut conclure, en effet, des termes mêmes dans lesquels sont conçues les ordonnances qui rejettent l'opposition des tiers, lorsqu'elles ont lieu après une instruction contradictoire, qu'il est de toute nécessité qu'indépendamment de cette instruction, *toutes les formalités prescrites aient encore été remplies* (1). Si donc les opposans peuvent prouver l'inobservation de ces formalités, point de doute, suivant nous, que leur opposition ne soit fondée.

SECTION II.

Jurisprudence.

Parmi les motifs qui peuvent empêcher d'accorder l'autorisation d'un établissement de première classe, se trouvent les établissemens du même genre qui existeraient déjà dans une même localité (2).

On conçoit facilement, en effet, que quelques établissemens disséminés dans une seule commune

(1) Ord. du 19 juillet 1826.
(2) Ord. du 16 janvier 1822. — Macarel, t. III, p. 4.

pourraient n'y causer aucun préjudice, tandis que, multipliés à l'infini, ils offriraient les plus graves inconvéniens. Lors donc que les autorités locales allèguent, pour s'opposer à la formation d'un nouvel établissement de première classe, que d'autres de même nature existent déjà dans la commune où l'on veut en établir un nouveau, le Roi, en son Conseil, peut repousser par ce seul motif, si d'ailleurs il est justifié, la demande du fabricant.

Peut-on déplacer un établissement de première classe pour lequel on a obtenu une autorisation?

Cette question ne saurait être difficile à résoudre.

Lorsque le Roi accorde la permission de former un établissement de ce genre, il prend avant tout en considération si cet établissement n'est pas de nature à causer préjudice aux voisins. C'est donc eu égard à la localité que l'autorisation est accordée. Telle manufacture qui n'offrirait aucun inconvénient dans un bourg ou même dans une partie déterminée d'une commune, pourrait devenir dangereuse, insalubre ou incommode dans un autre endroit. Aussi faut-il reconnaître que, par le fait seul du déplacement d'un atelier de cette classe, sans que le propriétaire ait obtenu une autorisation préalable, l'administration est en droit de faire fermer cet atelier.

Mais, dans ce cas, à quelle autorité ceux qui croient avoir à se plaindre du déplacement de la manufacture doivent-ils porter leur réclamation ?

Ce ne peut être, selon nous, qu'à l'administration, c'est-à-dire au préfet chargé de veiller à l'exécution des lois et ordonnances de l'ordre administratif. En effet, on ne peut pas dire qu'il y ait absence d'autorisation ; c'est uniquement d'une fausse application de cette autorisation qu'il s'agit, et alors c'est au préfet qu'il appartient d'interpréter l'acte dont l'exécution lui est confiée (1).

C'est également aux préfets, sauf recours au Ministre de l'Intérieur, qu'il appartient de connaître de la translation *provisoire* des fabriques insalubres d'un lieu dans un autre (2).

Le décret du 15 octobre 1810 voulait que les permissions pour les manufactures et fabriques de première classe ne fussent accordées qu'après que la demande en autorisation aurait été affichée, par ordre du préfet, dans toutes les communes à cinq kilomètres de rayon. Ce décret n'exigeait pas à leur égard les informations *de commodo et incom-*

______

(1) Ord. du 21 décemb. 1825. — Macarel, t. VII, p. 728.
(2) Ord. du 31 juillet 1822. — Macarel, t. IV, p. 114.

modo, nécessaires pour les établissemens de seconde classe.

Mais un avis du Conseil d'État, en date du 5
avril 1813 (1), fit sentir la nécessité de l'information *de commodo et incommodo* pour les établissemens de première classe, et décida qu'avant de
permettre la translation ou de donner les autorisations de ces établissemens, il y aurait lieu à entendre tous les voisins.

L'ordonnance réglémentaire du 14 janvier 1815
a remédié plus légalement à cette omission importante en exigeant l'enquête *de commodo et
incommodo*, indépendamment de l'affiche de demande.

Mais, par une autre lacune difficile à expliquer,
l'ordonnance ne prescrit pas quelle devra être la
durée de ces affiches.

Une décision de M. le Ministre de l'Intérieur,
rappelée dans la circulaire du 4 mars 1815 de
M. le Directeur général de l'agriculture, du commerce, des arts et des manufactures, y a suppléé
et indiqué l'usage de l'administration à cet égard.
Le passage de la circulaire relatif à cette formalité
est ainsi conçu : « Le décret du 15 octobre, en
déterminant les formalités à remplir pour la mise

______

(1) Collection d'Isambert, vol. de 1814, pag. 665.

en activité des établissemens compris dans la première classe, n'a point parlé de la durée des affiches qui doivent être apposées dans un rayon de cinq kilomètres. Une décision de son Exc. le Ministre de l'Intérieur a réparé cette omission en la fixant à un mois (1). »

---

(1) On peut voir cette circulaire dans l'Appendice.

CHAPITRE IV.

RÈGLES CONCERNANT LES ÉTABLISSEMENS COMPRIS
DANS LA SECONDE CLASSE.

SECTION PREMIÈRE.

Formalités.

COMME les établissemens qui composent la seconde classe sont beaucoup plus nombreux que ceux de la première, nous devrons consulter et analyser un nombre plus étendu d'ordonnances que nous ne l'avons fait dans le chapitre précédent.

Rappelons, en peu de mots, les règles qui concernent la matière.

L'entrepreneur doit commencer d'abord par adresser sa demande au sous-préfet de son arrondissement, qui la transmet au maire de la commune dans laquelle on projette de former l'établissement, en le chargeant de procéder à des informations *de commodo et incommodo.* Ces informations terminées, le sous-préfet prend sur le tout un arrêté qu'il transmet au préfet. Celui-ci statue ensuite, sauf le recours au Conseil de Préfecture ou au Conseil d'État, suivant les cas, par toutes les parties intéressées.

SECTION II.

Compétence.

S'il y a opposition, il doit y être statué par le Conseil de Préfecture, sauf le recours au Conseil d'État.

Cette dernière partie de l'article 7 du décret du 15 octobre 1810, a souvent été mal interprétée, tant par les Conseils de Préfecture que par les préfets eux-mêmes.

Il est arrivé, en effet, que lorsque des oppositions s'élevaient au moment des informations *de commodo et incommodo*, le préfet, avant de prendre un arrêté, renvoyait l'affaire au Conseil de Préfecture, qui statuait alors sur le mérite de ces oppositions.

Cette marche était évidemment vicieuse ; et le Conseil d'État, après une variation notable dans sa jurisprudence (1), a constamment jugé depuis que, d'abord, le préfet devait rendre un arrêté, et que ce n'était qu'en cas d'opposition à cet arrêté qu'il pouvait y avoir lieu de recourir au Conseil de Préfecture.

______

(1) Ord. du 19 mars 1817. — Sirey, t. III, p. 538.

Une ordonnance du 6 septembre 1826 a irrévocablement décidé cette question dans l'espèce suivante.

En 1824, le sieur Ligny fit construire une tuilerie dans la commune de Melin, arrondissement de Vesoul, département de la Haute-Saône. Déjà plusieurs établissemens de ce genre existaient dans cette commune et dans les circonvoisines. Les propriétaires de ces tuileries et divers autres habitans formèrent opposition, lors de l'enquête *de commodo et incommodo*, à la prétention du sieur Ligny. Le préfet, à qui l'autorisation était demandée, en renvoya la connaissance au Conseil de Préfecture, sur le motif qu'il y avait opposition; et ce conseil, par son arrêté du 30 juillet 1824, déclara les opposans mal fondés, et estima qu'il y avait lieu d'accorder au sieur Ligny l'autorisation qu'il sollicitait. Effectivement, M. le Préfet de la Haute-Saône autorisa l'établissement de la tuilerie.

M. le baron Leprieur de Blainvilliers, l'un des opposans, a dénoncé au Conseil d'État les arrêtés du Conseil de Préfecture et du Préfet, sur le motif principal, qu'aux termes de l'article 7 du décret du 15 octobre 1810, l'autorisation de former des manufactures et ateliers compris dans la seconde classe des établissemens insalubres, dangereux ou incommodes, parmi lesquels se trouvent les tuileries, doit être accordée par les préfets, après les informations *de commodo et incommodo*, sauf le recours au Conseil de Préfecture s'il y a des oppositions. Dans l'espèce, on faisait valoir que le préfet, au lieu d'accorder l'autorisation, comme il le devait, ayant renvoyé l'affaire au Conseil de Préfecture, avait, ainsi que ce conseil, violé l'art. 7 du décret du 15 octobre 1810, et renversé l'ordre des juridictions.

Ce moyen a été accueilli par le Conseil d'État, et l'ordonnance du 6 septembre 1826, rendue dans cette affaire, a été insérée au *Bulletin des Lois*, en raison de l'importance de la cause qui y est jugée. Nous en donnerons ici le texte.

« CHARLES, etc.,

» Vu la requête à nous présentée au nom du baron Leprieur de Blainvilliers, l'un des maires de la ville de Paris; ladite requête enregistrée au secrétariat général de notre Conseil d'État, le 20 mai 1825, et tendante à ce qu'il nous plaise le recevoir appelant d'un arrêté du Conseil de Préfecture du département de la Haute-Saône du 30 juillet 1824, lequel, en passant outre aux oppositions formées, estime qu'il y a lieu d'accorder au sieur Ligny de Melin l'autorisation de construire, sur un terrain dont il est en jouissance, un four destiné à la fabrication et cuisson de la tuile; et statuant sur ledit appel, casser et annuler ledit arrêté ;

» Vu l'ordonnance de *soit communiqué* au sieur Ligny, rendue par notre Garde des Sceaux le 30 juin 1825 ;

» Vu l'exploit de notification de ladite ordonnance au sieur Ligny, sous la date du 16 août 1825, lequel n'a pas répondu dans les délais du règlement ;

» Vu l'arrêté attaqué ;

» Vu le décret du 15 octobre 1810 et l'ordonnance royale du 14 janvier 1815, sur les établissemens, manufactures et ateliers qui répandent une odeur incommode et insalubre ;

» Considérant qu'il s'agit dans l'espèce d'un établissement de seconde classe ; qu'il résulte de l'article 7 du décret du 15 octobre 1810, que le Conseil de Préfecture ne doit donner d'avis que sur les oppositions formées aux autorisations accordées par le préfet; qu'aucune autorisation n'ayant été accordée au sieur Ligny, il n'y avait pas lieu par le Conseil de Préfecture de statuer sur les oppositions ;

» Notre Conseil d'État entendu ,

» Nous avons ordonné et ordonnons ce qui suit :

» **Art. 1er**. L'arrêté du Conseil de Préfecture du département de la Haute-Saône est annulé.

» 2. Le sieur Ligny est renvoyé à se pourvoir devant l'administration, pour obtenir, s'il y a lieu, l'autorisation d'établir une tuilerie.

» 3. Notre Garde des Sceaux, Ministre Secrétaire d'État de la Justice, et notre Ministre Secrétaire d'État de l'Intérieur sont chargés, chacun en ce qui le concerne, de l'exécution de la présente ordonnance, qui sera insérée au *Bulletin des Lois*. »

Ainsi, il est maintenant bien constant que pour les ateliers de seconde classe, les Conseils de Préfecture sont dépourvus de juridiction, jusqu'à ce que le préfet ait statué et que le titre administratif ait été obtenu.

Une autre difficulté assez sérieuse a été résolue plusieurs fois par le Conseil d'État.

Voici en quoi cette difficulté consistait, et une analyse exacte de la discussion qui a eu lieu à son occasion devant le Conseil.

L'article 13 du décret du 15 octobre 1810 veut qu'aucun établissement ne puisse être remis en activité, après une interruption de six mois, si le propriétaire n'a pas obtenu une nouvelle permission; mais cet article ne s'exprime pas formellement sur la question de savoir s'il est applicable aux établissemens formés sous son empire aussi bien qu'aux établissemens antérieurs.

Ce silence a fait naître des contestations dont nous allons rapporter l'une des plus remarquables.

Le sieur Garet obtient, en 1820, du Préfet de Police de Paris, l'autorisation d'établir une fabrique de chapeaux dans le local qu'il possède, rue Saint-Paul, n° 15. Quelque temps après avoir établi sa *foule*, le sieur Persin devient acquéreur de la maison, et lui intente une action judiciaire, sous prétexte qu'il détériore sa propriété. Le 9 août 1823, jugement du Tribunal civil de la Seine, qui rejette l'action du sieur Persin. Durant l'instance, Garet a été forcé d'interrompre ses travaux; il se croit, par ce fait, obligé de demander une nouvelle autorisation pour remettre son établissement en activité. Il s'adresse au Préfet de Police; mais ce fonctionnaire lui refuse la nouvelle autorisation, et lui fait défense de continuer sa fabrication, par le motif qu'il n'a pas rempli les conditions qui lui étaient imposées, dès le commencement, pour la construction de sa foule.

Recours au Conseil contre cette décision. Le sieur Garet a établi, d'abord, la légalité de son pourvoi; il s'est fondé sur l'art. 7 du décret du 15 octobre 1810.

5..

Ensuite, passant au fond de la cause, il a soutenu que le Préfet de Police avait commis un excès de pouvoir en lui refusant l'autorisation de remettre son établissement en activité, attendu qu'ignorant son droit, il avait demandé une autorisation qu'il avait déjà; que, par conséquent, le Préfet de Police aurait dû confirmer purement et simplement la première autorisation.

« La seule disposition légale, disait-il, qui exige une nouvelle autorisation après l'interruption des travaux, est l'art. 13 du décret du 15 octobre 1810; il porte ce qui suit : « Les établissemens maintenus par l'art. 11 cesseront de jouir de cet avantage, dès qu'ils seront transférés dans un autre emplacement, ou qu'il y aura une interruption de six mois dans les travaux ; dans l'un et l'autre cas, ils rentreront dans la catégorie des établissemens à former, et ils né pourront être remis en activité qu'après avoir obtenu, s'il y a lieu, une nouvelle autorisation. »

» Il est évident que ces dispositions ne concernent que les établissemens dont il est question dans l'article 11, c'est-à-dire ceux qui étaient en activité au 15 octobre 1810. Ce n'est donc aussi que pour ces mêmes établissemens qu'existe l'obligation d'obtenir une nouvelle autorisation, après l'interruption des travaux pendant six mois.

» Le législateur a eu pour but, dans cet article, de porter la surveillance administrative
sur les établissemens formés sans le secours des
garanties publiques, inscrites aux nouveaux règlemens, et de combiner de cette manière, autant
qu'il était possible, le respect pour les droits acquis,
avec l'intérêt de la salubrité publique. Il serait injuste d'appliquer la disposition de l'art. 13 aux
ateliers ouverts *depuis* 1810; pour ceux-ci, toutes
les précautions exigées ont été suivies, toutes les
formalités exécutées. L'autorisation en vertu de
laquelle ils ont été mis en activité n'a été accordée qu'après ample instruction. Ainsi, l'autorité tutélaire qui veille à la tranquillité et à la
sûreté publiques a été suffisamment éclairée sur
les avantages et les inconvéniens de chacun des
établissemens par elle ensuite autorisés.

» Il n'y a donc pas pour les ateliers formés
avant le décret de 1810 et pour ceux formés
depuis, les mêmes raisons d'imposer le besoin
et le devoir d'une autorisation nouvelle, étendue
aux établissemens formés depuis 1810. Cette nécessité, bien que sous certains rapports elle favorisât l'extension de l'autorité administrative,
aurait le grand inconvénient de jeter de l'incertitude sur cette masse imposante de propriétés
industrielles.

» La nouvelle demande était donc complète-ment inutile, et le refus qui a été fait, le 24 no-vembre 1823, ne saurait porter aucun préjudice à l'industrie du fabricant. L'autorisation du 14 avril 1820 avait créé pour lui un droit qu'il ne pouvait plus perdre. L'arrêté du 24 novembre 1823 doit donc être annulé, pour rendre à l'autorisation du 14 avril 1820 la force et les effets qu'elle doit avoir.

» Dans le cas même où l'on admettrait que l'art. 13 du décret du 15 octobre 1810 dût s'ap-pliquer aux établissemens formés depuis ce dé-cret, il serait impossible de supposer que l'inter-ruption judiciaire pût faire encourir la déchéance. S'il en était ainsi, un opposant qui serait proprié-taire ou voisin de l'édifice où l'on voudrait for-mer l'établissement en litige, pourrait toujours, par un moyen détourné, faire revivre son op-position, même après que les tribunaux adminis-tratifs, qui en sont les seuls juges compétens, l'auraient rejetée. Rien ne serait plus facile que de trouver un prétexte pour intenter devant l'au-torité judiciaire un procès à un fabricant, et de rendre par là illusoires, pour ce dernier, l'auto-risation qu'il aurait obtenue et le rejet des oppo-sitions. Sous aucun rapport, la déchéance pour interruption dans les travaux ne serait donc ap-plicable à l'établissement en litige. »

Le sieur Persin a soutenu que le pourvoi était non recevable, attendu qu'il s'agissait d'un arrêté de Préfet, dont l'appel, suivant la jurisprudence du Conseil d'État, devait être porté devant le Ministre de l'Intérieur. Ensuite il a dit qu'il était mal fondé, par la raison que le Préfet de Police avait le droit de refuser ou d'accorder l'autorisation; qu'ainsi le sieur Garet n'avait pas le droit de se plaindre; que d'ailleurs, au fond, l'emplacement de la fabrique ne pouvait convenir, à moins de détériorer la maison et de nuire aux voisins.

Le sieur Garet a répondu, sur la fin de non recevoir, qu'il y avait exception à la règle générale, et que la loi spéciale de la matière autorisait, d'une manière formelle et incontestable, le recours direct devant le Conseil d'État.

Ce point de jurisprudence a été, en effet, consacré; mais l'autorisation nouvelle a été reconnue nécessaire.

« CHARLES, etc., sur le rapport du Comité du Contentieux,

» Vu le décret du 15 octobre 1810, et l'ordonnance royale du 14 janvier 1815, sur les établissemens insalubres ou incommodes;

» Considérant qu'aux termes de l'art. 7 du décret du 15 octobre 1810, applicable aux établissemens de seconde classe, le recours à notre Conseil d'État contre la décision du préfet, est ouvert à toutes parties intéressées; que les fabriques de chapeaux appartiennent à la seconde classe des établissemens insalubres ou incommodes, et qu'ainsi le sieur Garet est recevable à se pourvoir, conformément aux dispositions dudit art. 7; — Considérant qu'il résulte de l'art. 13 dudit décret, tel qu'il a été constamment appliqué, qu'aucun établissement ne peut être remis en activité après une interruption de six mois, qu'après avoir obtenu une nouvelle permission; — Au fond, considérant qu'il résulte de l'instruction de l'affaire, que le sieur Garet n'a point satisfait à toutes lès conditions qui lui avaient été imposées en 1820, et qu'il est reconnu que le local occupé par le sieur Garet s'oppose encore à l'accomplissement desdites conditions; qu'ainsi le Préfet de Police a eu de justes motifs de refuser la permission demandée, en 1823, par le sieur Garet.

» ART. 1er. La requête du sieur Garet est rejetée. — ART. 2. Le sieur Garet est condamné aux dépens (1). »

Il est bien démontré, par le texte du décret de 1810, et par la jurisprudence uniforme du

---

(1) Ord. du 3 mars 1825. — Macarel, t. VII, p. 120,

Conseil d'État, que ce sont les préfets qui sont compétens pour accorder ou refuser l'autorisation de former les établissemens de seconde classe, sauf le recours au Conseil d'État.

Il est arrivé cependant que des Conseils de Préfecture aient prononcé sur des arrêtés de préfets qui refusaient des autorisations, à la requête de la partie exerçant la réclamation.

Ces Conseils de Préfecture commettaient alors un excès de pouvoir, et leurs arrêtés ont été annulés par le Conseil d'État, sur la demande du Ministre de l'Intérieur.

C'est ce qui a lieu notamment à l'occasion d'un arrêté du Préfet de la Manche, du 19 mars 1820, qui refusait, après une information *de commodo et incommodo*, l'autorisation demandée par un sieur Herman, pour conserver une mégisserie qu'il avait illicitement formée. L'arrêté portait pour motif que la mégisserie était nuisible sous le rapport de l'insalubrité et de l'odeur incommode qu'elle répandait, et qu'elle préjudiciait d'ailleurs à un sieur Chauvet, propriétaire d'une buanderie voisine.

Le sieur Herman s'est pourvu contre ce refus devant le Conseil de Préfecture, qui, par un arrêté du 15 mai, malgré l'opposition du sieur Chauvet, l'autorisa à conserver sa mégisserie, sous certaines précautions indiquées.

Le Ministre de l'Intérieur a demandé au Conseil d'État l'annulation de cet arrêté, comme incompétemment rendu. « Lorsqu'il s'agit, a dit ce Ministre dans son Rapport au Roi, du 26 mai 1821, d'établissemens de cette espèce compris dans la deuxième classe des tableaux annexés au décret du 15 octobre 1810, et à l'ordonnance du 14 janvier 1815, les formalités prescrites par le décret doivent être remplies : l'entrepreneur forme sa demande; elle est transmise au maire pour procéder à une information *de commodo et incommodo;* le sous-préfet prend ensuite un arrêté, et le préfet statue, *sauf le recours au Conseil d'État par les parties intéressées.* « S'il y a » opposition, il y sera statué par le Conseil de » Préfecture, sauf le recours au Conseil d'État. » Tel est le texte de l'art. 7. Ainsi le Conseil de Préfecture n'avait à connaître que de l'opposition du sieur Chauvet : la réclamation du sieur Herman devait être portée par lui, devant Votre Majesté, en Conseil d'État. Au lieu de ne s'occuper que de l'opposition, et de se borner à déclarer qu'elle était ou n'était pas fondée, de renvoyer le sieur Herman à se pourvoir devant qui de droit, le Conseil de Préfecture a annulé implicitement l'arrêté du Préfet, et a prescrit une disposition qu'il n'appartenait qu'à l'administration d'ordonner. Je pense que, sous ces deux rapports, l'arrêté du Conseil de Préfecture est irrégulier, et j'ai l'honneur de proposer à Votre Majesté de l'annuler. »

Sans appeler le sieur Herman, le Conseil d'État a cru devoir accueillir le recours du Ministre, et une ordonnance du 14 novembre 1821 a annulé l'arrêté du Conseil de Préfecture de la Manche, pour excès de pouvoir (1).

Enfin, des Conseils de Préfecture ont encore excédé leurs pouvoirs en appliquant les dispositions de l'ordonnance de 1669, sur les eaux et forêts.

Les art. 17 et 18 du titre XXVII de cette ordonnance portent défense de construire des maisons et autres établissemens dans une distance de deux lieues des forêts royales.

La contravention à cette disposition a fait naître plusieurs fois de graves questions de compétence. Il est arrivé, en effet, que des particuliers ont fait construire des usines, soit sans permission, soit au moyen d'une permission surprise, dans la distance prohibée. Il s'est agi alors de sa-

______

(1) Macarel, t. II, pag. 450. — On peut voir plus loin, page 97, une ordonnance qui a décidé le contraire pour les établissemens de 3e classe.

voir quelle autorité devait réprimer ces délits forestiers. Un décret du 23 prairial an XII (1), intervenu sur un conflit d'attribution entre les autorités administrative et judiciaire du département du Léman, a décidé que l'autorité administrative, quoique chargée de surveiller les opérations de l'administration forestière, et de veiller à la conservation des forêts, n'a pas le droit de juger les délits et d'appliquer la peine, et que ce pouvoir est exclusivement réservé aux tribunaux.

Un avis du Conseil d'État, du 22 brumaire an XIV, porte : « Que les administrateurs des forêts, ainsi que les procureurs impériaux, devront veiller à ce qu'à l'avenir il ne soit construit, dans le voisinage des forêts, tant du domaine ancien que du domaine nouveau, aucune maison à la distance déterminée par l'art. 18 de l'ordonnance, sauf à Sa Majesté, si elle le juge à propos, attendu le grand nombre des forêts, de faire réduire cette distance dans les règlemens ou lois à intervenir sur les bois et forêts, et de déterminer toutes autres exceptions qui lui paraîtront convenables.

---

(1) Répertoire de Jurisprudence, V°. *Délit forestier,* § XV.

» Mais que l'on doit poursuivre, sans retard, la démolition des maisons sur perches, mentionnées dans l'art. 17 du même titre, et celle des ateliers, loges et barraques construits en bois dans toutes les forêts domaniales et nationales, anciennes et nouvelles, ou à la distance de deux kilomètres, ces constructions ne pouvant être considérées comme des maisons et bâtimens élevés en bonne foi, et étant une source d'abus et de délits (1). »

Conformément à cet avis et à l'ordonnance de 1669, le Conseil de Préfecture du département des Hautes-Pyrénées avait cru pouvoir ordonner la destruction d'une tuilerie, qui du reste n'était pas nuisible aux habitans. Mais le Conseil d'État a annulé cet arrêté, par le motif que le Conseil de Préfecture était incompétent pour statuer sur la contravention, qui ne pouvait être poursuivie que devant les tribunaux, sur la plainte de l'administration des forêts (2).

Nous avons vu plus haut, qu'aux termes de de l'art. 7 du décret de 1810, ce sont les préfets qui accordent les autorisations pour les établissemens de seconde classe. L'ordonnance du 14 jan-

---

(1) IV, Bult. LXIV, n° 1139.
(2) Macarel, t. II, pag. 249.

vier 1815, article 4, dispose que les attributions conférées aux préfets seront exercées à Paris et dans le département de la Seine, par le Directeur général de la Police. Depuis, il est constamment passé en usage, qu'au lieu du Directeur général, c'était le Préfet de Police qui avait hérité, dans toute l'étendue de son ressort, des attributions dont il est ici question. Cependant quelques parties ont disputé au Préfet de Police la légalité de cette juridiction ; mais le Conseil d'État a jugé que ce magistrat était compétent pour accorder les autorisations nécessaires aux établissemens de seconde classe. Cette opinion se trouve notamment sanctionnée par l'ordonnance du 15 mars 1826, qui ne permet plus de conserver aucun doute sur ce point (1).

SECTION III.

Jurisprudence.

Ces règles de compétence une fois établies, il nous reste à rechercher les modifications apportées par la jurisprudence administrative, à la rigueur des principes de classification.

En parcourant les diverses ordonnances qui

---

(1) Marcarel, t. VIII, pag. 153.

ont statué sur des difficultés relatives aux établissemens de seconde classe, nous voyons que les fabriques de chapeaux sont au nombre de ceux qui ont fait naître le plus de contestations.

La première affaire de ce genre que nous rapporterons ici, présentait la question de savoir si l'établissement d'une manufacture de chapeaux, quoique de nature à répandre une odeur insalubre ou incommode, peut être autorisée, aux termes du décret du 15 octobre 1810, lorsqu'il est donné des garanties suffisantes contre le danger de la mauvaise odeur et de l'insalubrité.

Voici l'espèce qui avait donné lieu au procès :

Le sieur Gay voulant établir une manufacture de chapeaux dans une maison située dans l'enceinte de la ville d'Apt, demanda au sous-préfet l'autorisation nécessaire, et offrit de prendre toutes les mesures de précaution que l'administration jugerait convenables pour parer à tout inconvénient.

Le maire d'Apt, chargé de faire le rapport *de commodo et incommodo*, déclara qu'il n'y avait aucun inconvénient à laisser établir la manufacture de chapeaux.

En conséquence, le sous-préfet d'Apt, par arrêté du 29 janvier 1817, donna l'autorisation demandée.

Cependant, plusieurs particuliers de la ville d'Apt se pourvurent contre cet arrêté, devant le Préfet du département de Vaucluse, prétendant qu'à raison de la situation et de la construction du local, la manufacture offrirait une insalubrité dont aucune précaution ne saurait garantir, et que d'ailleurs la fabrique se trouvant placée au rez de chaussée, et les ouvriers étant obligés, à cause de l'action du feu, de travailler tout nus, cela présenterait aux yeux du public un spectacle d'indécence, contraire aux bonnes mœurs.

Intervient un arrêté du Conseil de Préfecture, le 16 mai 1817, ainsi conçu :

« Considérant que l'opposition formée contre l'établissement qui fait l'objet de l'arrêté précité, est fondée sur ce que le local où le sieur Gay se propose d'établir la fabrique dont il s'agit n'a jour que sur deux rues fort étroites, et n'a d'ailleurs aucune cour ni arrière-cour, dont l'usage serait d'une indispensable nécessité pour cette fabrique, attendu l'exiguité du local et celle des rues adjacentes ; qu'en outre, les habitans des maisons voisines seraient extrêmement incommodés de cet établissement, par la fumée qui s'en exhalerait, et par la vue des ouvriers employés à cette manufacture, qui, par la nature de leur travail, étant obligés d'être sans vêtemens, ne doivent s'y livrer que dans un local disposé de manière à ce qu'on ne puisse les apercevoir de l'extérieur de leur atelier;

» Considérant que le plan des lieux justifie l'énoncé des opposans, en démontrant l'extrême exiguité de la localité;

» Considérant que les motifs par lesquels ils s'opposent à l'établissement dont il s'agit sont de nature à être pris en considération, puisque, indépendamment de l'incommodité qui en résulterait pour eux, il s'ensuivrait une atteinte aux bonnes mœurs, et que, sous ce double rapport, qui naît de l'état des lieux, il ne peut être donné suite à ce projet,

» Arrête:

» Il n'y a pas lieu à accorder au sieur Norbert Gay l'autorisation d'établir une fabrique de chapeaux dans le local indiqué par l'arrêté du sous-préfet ci-dessus mentionné. »

C'est contre cet arrêté que le sieur Gay s'est pourvu devant le Conseil d'État, pour violation de l'ordonnance du 14 janvier 1815, en ce que le Conseil de Préfecture a refusé de l'autoriser à établir une manufacture de chapeaux, nonobstant son offre de prendre telles mesures de précaution qui éviteraient tout inconvénient, et nonobstant le rapport du maire, qui déclarait qu'il ne pou-

vait résulter aucune incommodité de l'établissement de la manufacture ; circonstances qui suffi-
saient, d'après l'ordonnance, pour que l'autorisation ne pût être refusée.

Les fabriques de chapeaux, a dit le demandeur,
sont placées dans la seconde classe de la nomenclature annexée à l'ordonnance du 14 janvier 1815,
sur les établissemens qui répandent une odeur
insalubre et incommode.

D'après l'art. 7 du décret du 15 octobre 1810,
auquel se réfère l'ordonnance, l'autorisation de
former des manufactures comprises dans la seconde
classe doit être accordée par le Conseil de Préfecture, en cas d'oppositions, sauf, est-il dit, le recours au Conseil d'État.

Une première observation qui se présente, en
lisant ces dispositions réglémentaires, c'est que
l'intention du Gouvernement est d'accorder l'autorisation d'établir les manufactures et ateliers
placés dans la seconde classe, toutes les fois que
le pétitionnaire promet d'exécuter les opérations
de manière à ne pas incommoder les voisins. C'est
moins l'opération elle-même que la manière de
l'exécution dont la surveillance est donnée à l'autorité administrative.

L'art. 1er du décret porte : que « La seconde
classe comprendra les manufactures et ateliers

dont l'éloignement n'est pas rigoureusement nécessaire, mais dont il importe néanmoins de ne
permettre la formation qu'après avoir acquis la
certitude que les opérations qu'on y pratique sont
exécutées de manière à ne pas incommoder les
propriétaires du voisinage. »

Et la désignation de la seconde classe, tant dans
la nomenclature de ce décret que dans celle de
l'ordonnance, est conçue dans les mêmes termes.

Le sieur Gay, qui s'offrait à prendre toutes les
mesures de précaution qui lui seraient ordonnées,
devait donc être autorisé à établir sa fabrique de
chapeaux.

Cependant le Conseil de Préfecture, dans l'arrêté attaqué, n'a pas même daigné examiner s'il
était possible de fabriquer des chapeaux dans la
maison du sieur Gay, en prenant des mesures
pour empêcher que cette fabrication n'incom-
modât les voisins, tant était forte la prévention
qu'avaient su lui inspirer les ennemis du sieur Gay.

Ces derniers se plaignaient de l'exiguité du local, de l'incommodité de la fumée; enfin, leur
pudeur aurait souffert, les ouvriers, à cause de
l'action du feu, étant obligés de déposer leurs
vêtemens.

Ces trois motifs forment tous les considérans de
l'arrêté attaqué : examinons-les séparément.

Le premier, l'exiguité du local, peut être une très grande incommodité pour les ouvriers, surtout s'ils sont nombreux; mais, pour les voisins, que leur importe que le sieur Gay ne puisse y placer que deux ouvriers au lieu de vingt? C'est au sieur Gay à proportionner l'étendue de son travail à l'étendue de son local.

Il n'y a, dit-on, dans ce local, ni cour ni arrière-cour, dont l'usage serait d'une indispensable nécessité pour cette fabrique.

Mais la fabrication des chapeaux est connue; elle ne se fait point dans une cour. Les ouvriers doivent être à couvert, et une simple chaudière d'eau bouillante constitue tous les ustensiles nécessaires à cette fabrication.

Quant à la fumée qui s'exhale de la chaudière, elle ne peut incommoder dans une rue qui, par sa position, est nécessairement aérée. D'ailleurs, pour cette fumée, le sieur Gay s'était offert à prendre les mesures propres à n'incommoder personne, et M. le maire d'Apt, dans son rapport *de commodo et incommodo*, reconnaît qu'elle ne peut empêcher le sieur Gay d'exercer sa fabrication.

Parlerons-nous de la nudité des ouvriers, que l'arrêté attaqué présente comme une *atteinte aux bonnes mœurs ?*

(85)

Dans une petite rue d'une petite ville, des ouvriers, pour se soustraire à l'incommodité de la
chaleur qu'exhale une chaudière bouillante, sont
obligés de quitter leurs premiers vêtemens; est-ce
une raison pour empêcher un établissement utile,
pour priver un individu des moyens de subvenir
à son existence, à celle de sa famille, en fournis-
sant aux besoins de la société?

Les opposans sont d'ailleurs en contradiction
avec eux-mêmes. Ils se plaignent d'abord de ce
que le local du sieur Gay n'a que deux vues fort
étroites; ensuite, ils veulent faire considérer comme
une atteinte aux bonnes mœurs la nudité des ouvriers dans ce même local où l'œil peut à peine
distinguer.

Que leur pudeur, au reste, ne s'alarme pas. Les
fabricans de chapeaux ne dépouillent jamais ce
vêtement inférieur dont le défaut peut seul constituer chez l'homme une véritable indécence.

En voilà trop sur ce dernier motif, auquel l'arrêté attaqué a certainement donné une trop
grande importance.

La fabrique de chapeaux est si peu incommode,
elle porte si peu d'atteinte aux bonnes mœurs,
que dans la capitale, à Paris même, on trouve
des manufactures de ce genre établies dans les
quartiers les plus populeux. Les petites rues qui

débouchent dans la rue Saint-Martin sont toutes remplies de fabricans de chapeaux, dont les ouvriers travaillent au rez de chaussée et sur la rue, sans que personne se soit jamais avisé de trouver là aucune indécence.

Le sieur Gay, en demandant l'autorisation d'établir une fabrique de chapeaux dans la maison dont il est propriétaire, devait s'attendre d'autant moins à un refus, que dans la ville d'Apt il y a des fabriques de chapeaux établies indifféremment dans tous les quartiers, et même dans les plus beaux.

Sur ce est intervenue l'ordonnance suivante :

« LOUIS, etc., sur le rapport du Comité du Contentieux ;

» Vu la requête à nous présentée au nom du sieur Norbert Gay, fabricant de chapeaux à Apt, département de Vaucluse; ladite requête enregistrée au secrétariat du Comité du Contentieux de notre Conseil d'État, le 5 décembre 1817, et tendante à ce qu'il nous plaise annuler un arrêté pris par le Conseil de Préfecture du département de Vaucluse, le 16 mai 1817; débouter les sieurs Clément, Decaton, Meinard et consorts, de l'opposition par eux formée à l'établissement d'une fabrique de chapeaux dans la maison du requérant; les condamner aux dépens et à tous les dommages-intérêts ; déclarer que l'exposant demeure autorisé à établir sa fabrique dans la maison dont il s'est rendu propriétaire, en prenant les mesures de précaution qui lui seront indiquées par l'autorité locale.

» Vu l'ordonnance de *soit communiqué*, et le mémoire en défense des sieurs Clément, Decaton, Meinard, Dessane, Anselme, Chevalier et Maillet, propriétaires habitans de la ville d'Apt, enregistrée audit secrétariat du Comité du Contentieux le 19 mars 1818, et tendante à ce qu'il nous plaise déclarer le sieur Norbert Gay non-recevable, et subsidiairement mal fondé dans sa demande, en ce qu'elle est dirigée contre les défendeurs, et le condamner en tous les cas aux dépens ;

» Vu l'avis du maire de la ville d'Apt, du 16 décembre 1816, sur la pétition du sieur Norbert Gay ;

» Vu l'arrêté du sous-préfet, du 29 janvier 1817, portant autorisation d'établir une fabrique de chapeaux dans la maison du sieur Norbert Gay, en observant les mesures de précaution indiquées par le maire ;

» Vu l'arrêté du Conseil de Préfecture, du 16 mai 1817, portant qu'il n'y a pas lieu d'accorder au sieur Norbert Gay l'autorisation d'établir une fabrique de chapeaux dans le local indiqué par l'arrêté du sous-préfet, ci-dessus mentionné ;

» Vu le décret du 15 octobre 1810, relatif aux manufactures et ateliers qui répandent une odeur insalubre ou incommode ;

» Vu notre ordonnance du 14 janvier 1815, sur le même objet ;

» Vu les autres pièces respectivement produites ;

» Considérant qu'en autorisant l'établissement projeté par le sieur Norbert Gay, les mesures de précaution prescrites par le maire et le sous-préfet de l'arrondissement d'Apt donnent une garantie suffisante contre le danger de la mauvaise odeur ou de l'insalubrité ;

» Considérant que, de l'aveu des opposans, l'exécution de l'arrêté du sous-préfet aurait pu les satisfaire, s'ils n'eussent pas eu la crainte que le sieur Gay ne voulût pas s'y soumettre ; que, par ses conclusions, le sieur Gay se soumet aux mesures de précaution qui seront indiquées par l'autorité locale ;

» Notre Conseil d'État entendu, nous avons ordonné et ordonnons ce qui suit :

» ART. 1er. L'arrêté du Conseil de Préfecture du département de Vaucluse, du 16 mai 1817, est annulé.

» 2. Le sieur Norbert Gay est autorisé à établir une fabrique de chapeaux dans sa maison, sise à Apt, rue Sainte-Croix, aux conditions prescrites

(89)

par l'arrêté du sous-préfet de l'arrondissement d'Apt, du 29 janvier 1817.

» 3. Les sieurs Clément, Decaton, Meinard, Dessane, Anselme, Chevalier et Maillet sont condamnés aux dépens.

» 4. Notre Ministre Secrétaire-d'État de l'Intérieur est chargé de l'exécution de la présente ordonnance (1). »

Il entre dans la fabrication première des chapeaux deux opérations principales, pour lesquelles il faut obtenir des autorisations distinctes.

Ces opérations consistent dans la teinture et dans le baguetage. Lorsqu'un particulier demande à l'autorité compétente la permission d'établir une fabrique de chapeaux, il faut qu'il s'explique sur la nature des travaux qu'il veut entreprendre ; autrement, si l'autorisation portait seulement sur *la teinture*, ce particulier serait exposé à ne pouvoir se livrer au baguetage des chapeaux. En effet, les voisins, incommodés par la buée et la fumée de l'établissement, pourraient, même après plusieurs mois d'activité, obtenir la suppression de la seconde de ces opérations, qui n'est pas regardée comme inséparable de la teinture des chapeaux (2).

____

(1) Ord. du 3 juin 1818. — Sirey, t. IV, pag. 335.
(2) Ord. du 31 mars 1819. — Sirey, t. V, pag. 102.

Les deux opérations dont nous venons de parler ne sont pas les seules qui entrent dans la fabrication des chapeaux : la manutention de la matière première offre aussi assez d'inconvéniens pour qu'il y ait besoin d'obtenir une autorisation de s'y livrer ; mais, au moyen de mesures de précautions sagement employées, tous les intérêts peuvent être conciliés. Ces moyens consistent souvent :

1°. A faire construire la foule suivant les règles de l'art ;

2°. A diriger la fumée du fourneau dans une cheminée voisine qui s'élève au-dessus des maisons, laquelle doit être encore surmontée d'un tuyau de trois mètres ;

3°. A entourer de murs, en moellons ou en briques, l'étuve dont le tuyau sera piqué dans la même cheminée ;

4°. A ne brûler que du bois, dans le cas où les voisins seraient incommodés de la fumée ; à la charge en outre de prendre toutes les précautions qu'exigent la sûreté publique et la salubrité (1).

Il est évident, du reste, que ces dispositions doivent être modifiées suivant la localité.

Quoique la prohibition de former des établisse-

____

(1) Ord. du 27 décembre 1820. — Sirey, t. V, p. 514.

mens de seconde classe dans l'enceinte des lieux habités, ne soit pas aussi formellement exigée que pour ceux de première classe ; cependant, comme le décret déclare qu'il importe de n'en permettre la formation qu'après avoir acquis la certitude que les opérations qu'on y pratique sont exécutées de manière à ne pas incommoder les propriétaires du voisinage, et à ne leur causer aucun dommage, il résulte évidemment de cette disposition que lorsque l'administration est convaincue, d'après des rapports d'experts et des élémens suffisans de preuves, que l'établissement de seconde classe dont on sollicite l'autorisation serait incommode ou nuisible pour les voisins, son premier devoir est de la refuser.

Au nombre des établissemens de ce genre dont on ne permet pas l'introduction auprès des habitations agglomérées, se trouvent en première ligne les ateliers pour déchamage et débourrement des peaux. Il est résulté, en effet, des rapports d'experts et de l'avis du Comité consultatif des Arts et Manufactures, que les opérations du déchamage et du débourrement des peaux sont nonseulement incommodes, mais insalubres ; et alors le Conseil d'État a confirmé les arrêtés qui refusaient d'accorder l'autorisation des établissemens de ce genre auprès des habitations agglomérées.

Ces principes se trouvent confirmés par une ordonnance du 10 janvier 1821 (1).

Il ne faudrait pas croire, néanmoins, que, de
plein droit, les tanneries doivent être éloignées
des lieux habités. Lorsqu'il y a possibilité d'allier
à la salubrité publique l'intérêt d'une industrie
aussi utile, l'administration doit s'empresser d'autoriser des établissemens qui, au moyen de précautions préalables, peuvent ne causer aucun préjudice au voisinage (2).

Il en est de même des corroyeries, qui peuvent
être souffertes dans certains quartiers et prohibées
dans d'autres (3).

Nous trouvons dans le Recueil des arrêts du
Conseil, une ordonnance qui a rejeté la demande
du sieur Sylvand, qui réclamait l'autorisation
d'élever un four à faïence et à poterie dans la
commune de Limours. Sur l'enquête *de commodo
et incommodo* dressée par le maire, six particuliers, au nombre desquels se trouvaient le maire
et le curé, s'opposaient à l'établissement projeté,
sur le motif que la fumée qui sortirait du four

______

(1) Sirey, t. V, pag. 523. — Mararel, t. I, pag. 45.
(2) Ord. du 14 avril 1824. — Macarel, t. VI, p. 236.
(3) Ord. du 17 août 1825. — Macarel, t. VII, p. 462.

serait incommode et insalubre, et qu'elle entrerait dans les maisons voisines et dans l'église.

Un ingénieur envoyé sur les lieux émit l'avis qu'il y avait lieu d'autoriser la construction demandée, à la charge de se conformer à plusieurs conditions au moyen desquelles l'incommodité et l'insalubrité devaient, selon lui, disparaître. Le sous-préfet de Rambouillet ayant adopté ce rapport, la demande fut renvoyée au Conseil de Préfecture, qui le déclara inadmissible, par le motif que le four du sieur Sylvand n'étant placé qu'à la distance de dix-sept mètres du côté de l'église, quelque précaution que l'on pût prendre, on n'empêcherait jamais que les fumées insalubres de cet établissement, poussées par les vents du nordest, ne vinssent frapper sur les croisées principales de l'église, et que d'autres établissemens publics, tels que l'école, etc., en seraient également incommodés.

Le sieur Sylvand se pourvut au Conseil d'État contre cet arrêté. L'affaire fut renvoyée au Comité consultatif des Arts et Manufactures, qui déclara dans son rapport que les membres du Comité avaient acquis la certitude que les établissemens de cette espèce, quoique placés au centre d'une population très nombreuse, n'avaient jamais donné lieu à aucune plainte, ni déterminé le plus léger accident; que ces considérations lui paraissaient suffisantes pour déterminer l'autorité à accorder au sieur Sylvand la permission sollicitée ; et que cependant, pour ôter le plus léger prétexte aux plaignans, il convenait de prescrire à ce fabricant de nombreuses dispositions dont il donnait le détail.

Malgré cette opinion favorable des gens de l'art, le Conseil d'État n'a pas vu, dans la réunion de tous ces moyens, des motifs suffisans de garantie pour la salubrité publique ; et, par une ordonnance du 8 août 1821, cette demande d'autorisation d'un four à faïence et à poterie, dans un lieu habité, a été définitivement rejetée (1).

Mais il n'en est pas de même des fours à plâtre. Ces établissemens, rangés dans la seconde classe, peuvent être formés dans des lieux habités, lorsque du reste il a été pris des mesures de précaution, qui garantissent à l'Administration que les droits des tiers ne seront pas lésés (2).

____

(1) Macarel, t. II, pag. 216.
(2) Ord. du 4 septembre 1822. — Macarel, IV, p. 290.

CHAPITRE V.

RÈGLES GÉNÉRALES CONCERNANT LES ÉTABLISSEMENS
DE TROISIÈME CLASSE.

SECTION PREMIÈRE.

Compétence.

L'ARTICLE 8 du décret s'exprime ainsi : « Les manufactures et ateliers ou établissemens portés dans la troisième classe ne pourront se former que sur la permission du Préfet de Police, à Paris, et sur celle du maire dans les autres villes.

» S'il s'élève des réclamations contre la décision prise par le Préfet de Police ou les maires, sur une demande en formation de manufactures ou d'ateliers compris dans la troisième classe, elles seront jugées au Conseil de Préfecture. »

Cependant, aux termes de l'article 2 du même décret, confirmé par l'article 3 de l'ordonnance réglémentaire du 14 janvier 1815, les permissions nécessaires pour la formation des établissemens compris dans la troisième classe doivent être délivrées dans les départemens par les sous-préfets, et à Paris, par le Préfet de Police, *après avoir pris préalablement l'avis des maires et de la police locale.*

Ainsi, comme l'observe M. le président Henrion de Pansey (1), le décret implique contradiction, en ce que, suivant l'une de ses dispositions, la permission du maire est nécessaire pour l'établissement des ateliers de la troisième classe, et que, dans une autre, il est dit qu'il suffit de prendre son avis, et que le droit de donner cette permission appartient au sous-préfet.

Mais l'art. 3 de l'ordonnance de 1815 a fait cesser toute incertitude à cet égard, et a définitivement attribué aux sous-préfets le droit d'accorder ces autorisations.

Il n'est pas inutile d'ajouter ici que les sous-préfectures, dans les chefs-lieux de départemens, ayant été supprimées par l'ordonnance du 20 décembre 1815, ce sont les préfets qui, aujourd'hui, sont compétens, dans les arrondissemens de ces chefs-lieux, pour accorder les autorisations des établissemens de troisième classe (2).

____

(1) Du pouvoir municipal, pag. 278.

(2) Ord. du 22 décemb. 1824. — Macarel, t. VI, p. 701. — Ord. du 17 août 1825. — Macarel, t. VII, pag. 463.

Nous avons vu, au chapitre **IV** de cet ouvrage, page 73, que les Conseils de Préfecture n'étaient pas compétens pour prononcer sur le recours exercé par une partie, contre l'arrêté d'un préfet qui refuse l'autorisation d'un établissement de deuxième classe ; mais cette règle s'applique-t-elle également aux établissemens de troisième classe ? C'est ce que nous allons examiner.

Le texte de l'art. 8 du décret de 1810, en disant que, s'il s'élève des réclamations contre la décision prise sur une demande en formation de manufactures ou d'ateliers compris dans la troisième classe, elles seront jugées au Conseil de Préfecture, ne fait aucune distinction entre les réclamations des *requérans* et celles des *opposans*.

L'art. 7 du même décret, au contraire, en ouvrant aux parties intéressées un recours au Conseil d'État, contre l'arrêté du préfet qui refuse l'autorisation d'un établissement de deuxième classe, et en déclarant immédiatement qu'en cas d'opposition, il y sera statué par le Conseil de Préfecture, sauf le recours au Conseil d'État, n'admet l'intervention du Conseil de Préfecture que pour ce qui concerne les oppositions, et renvoie, comme partie intéressée, devant le Conseil d'État, le requérant dont la demande a été rejetée par le préfet.

Une différence importante existe donc entre ces deux cas, dans le texte du décret; et la jurisprudence du Conseil d'État nous fait voir que, dans l'application , les art. 7 et 8 sont entendus comme nous venons de les interpréter.

En effet, nous avons cité une ordonnance du 14 novembre 1821 , annulant, sur la demande du Ministre de l'Intérieur, un arrêté du Conseil de Préfecture qui avait admis le recours d'un particulier dont la demande, pour un établissement de deuxième classe, avait été repoussée par le préfet; nous trouvons une autre ordonnance , à la date du 29 août 1821 , qui décide que, s'il s'élève des réclamations relatives à des établissemens de troisième classe, elles doivent être jugées en Conseil de Préfecture , soit qu'elles viennent de la part du requérant, soit qu'elles aient été formées par les opposans (1).

Ainsi, la jurisprudence nous paraît avoir fixé l'interprétation de la législation sur cette matière.

De ce que les fabricans ou manufacturiers ne sont pas, pour les établissemens de troisième classe, astreints à obtenir l'autorisation du Gouvernement, doit-on induire que le pourvoi au

____

(1) Macarel , t. II , pag. 284. — Ord. du 14 janvier 1824. — Macarel , t. VI , pag. 3.

Conseil d'État, en ces matières, soit inadmissible?

Non assurément ; car en toute matière administrative, les Conseils de Préfecture ne sont que des juges de première instance, et par conséquent le recours contre leurs décisions est, de plein droit, recevable au Conseil d'État (1).

SECTION II.

Jurisprudence.

Une affaire qui s'est présentée au Conseil d'État a fait juger plusieurs questions de la plus haute importance.

Voici le résumé des faits et le texte de la décision.

Le sieur Lebel avait établi, sans autorisation préalable, un affinage d'or et d'argent à Menilmontant, commune de Belleville, près Paris.

L'autorité le prévient qu'il est en contravention aux règlemens, et, le 16 juin 1820, il forme sa demande d'une permission, devant M. le Préfet de Police.

Ce magistrat ordonne l'enquête *de commodo et incommodo*. Le maire de Belleville y procède ;

---

(1) Macarel, t. I, pag. 477.

vingt-trois oppositions sont reçues et constatées. Les opposans déclarent que, de la fabrique du sieur Lebel, il s'échappe des fumées et gaz qui suffoquent, prennent à la gorge, excitent à la toux, et que ce voisinage leur paraît être très incommode, et même dangereux.

Le Préfet de Police, saisi des plaintes, fait vérifier la fabrique, reconnaître les procédés que le sieur Lebel y emploie, et déterminer la classe à laquelle cet établissement semble appartenir.

Le décret de 1810 et l'ordonnance de 1815 n'avaient, en effet, classé que l'affinage par le moyen des fourneaux à manche, à coupelle ou à réverbère. Le sieur Lebel prétendait exploiter par le secours du *fourneau à air* et de l'acide sulfurique.

Le rapport des chimistes et l'avis du Conseil de Salubrité sont transmis au Ministre de l'Intérieur, qui soumet l'affaire au Comité consultatif des Arts et Manufactures.

Le 14 octobre 1820, sur l'avis de ce Comité, le Ministre prend une mesure générale, par laquelle il déclare que les affinages d'or et d'argent, à l'aide de l'acide sulfurique, doivent être compris dans la première classe, si le gaz sulfureux qui se dégage pendant l'opération est versé dans l'atmosphère, et que si le même gaz est condensé, ces établissemens peuvent être assimilés à ceux de troisième classe.

L'application de ce règlement supplémentaire est aussitôt faite à l'établissement du sieur Lebel; et par décision du même jour, 14 octobre, le Ministre lui accorde la permission provisoire de continuer ses travaux, à charge par lui de condenser le gaz résultant de cet affinage.

Le sieur Lebel se retire devant le Préfet de Police pour obtenir la permission définitive. Elle lui est accordée, le 22 novembre, « à la charge par lui de condenser et absorber les vapeurs sulfureuses dans un appareil particulier, et sous la condition de se conformer à toutes les dispositions qui lui seraient prescrites pour la rectification et le perfectionnement de cet appareil, et à toutes les mesures de sûreté et de salubrité que l'administration croirait lui devoir prescrire par la suite. »

Les habitans, au nombre de 86, forment opposition à cet arrêté.

Par un autre arrêté du 19 janvier 1821, le Conseil de Préfecture se livre à l'examen de cette question : « Le sieur Lebel, en condensant effectivement ses vapeurs, a-t-il placé son établissement dans la troisième classe? »

Le Conseil considère : « Qu'il résulte du rapport des commissaires nommés par le Conseil de Salubrité, que l'appareil destiné à la condensation des gaz n'est pas aussi parfait qu'il pourrait l'être, et que les expériences faites ont donné à connaître qu'une partie des vapeurs se répand dans l'atelier, et est entraînée dans l'atmosphère, à travers les jours conservés dans la toiture du hangard; — Que la Commission propose divers procédés pour remédier à cette imperfection, dont l'un (dont elle se contente dès à présent) est le perfectionnement des appareils, mais en se réservant cependant la faculté d'en venir aux moyens chimiques; ce qui annonce de l'inquiétude sur le succès du perfectionnement des appareils; — Que les conséquences qui sortent de là sont que le sieur Lebel, jusqu'à présent, n'a pas condensé le gaz; que les plaintes des voisins sont justifiées, et que l'établissement n'est pas dans la disposition requise pour être rangé dans la troisième classe; — Qu'il est possible que les moyens proposés par la Commission du Conseil de Salubrité amènent une condensation parfaite; mais que l'intérêt public ne comporte pas des essais, et commande, au contraire, des certitudes actuelles contre l'insalubrité, dans les établissemens autorisés; qu'il ne suffisait pas d'autoriser à la charge de condenser les gaz, d'après les plans à faire; qu'il fallait exiger une condensation justifiée avant d'avoir autorisé; — Qu'il est donc impossible de ne pas considérer l'établissement du sieur Lebel, dans l'état actuel, comme appartenant à la première classe, puisque les gaz ne sont pas condensés de manière qu'il ne s'en échappe pas dans l'atmosphère.... » Par ces motifs, le Conseil de Préfecture infirme l'autorisation donnée le 22 novembre; et délibérant sur la demande en autorisation de l'établissement, comme de première classe, il émet l'avis qu'il y a lieu de rejeter, quant à présent, la demande du sieur Lebel, attendu que les établissemens de première classe ne peuvent être formés près des habitations.

Le sieur Lebel a déféré cette décision au Conseil d'État; il l'a attaquée sous le rapport de la compétence et au fond. Il a soutenu : 1° qu'en examinant si les gaz étaient assez bien condensés pour que l'établissement fût rangé dans la première ou dans la troisième classe, et en décidant qu'il devait appartenir à la première, le Conseil de Préfecture avait usurpé les attributions de l'administration discrétionnaire; 2° qu'il avait, en outre, commis un excès de pouvoir, en infirmant la décision du Préfet de Police; 3° que, dans le fait, les vapeurs malfaisantes produites par les opérations de l'affinage étaient condensées, et qu'il n'y avait pas lieu de révoquer l'autorisation donnée.

Quoique l'ordonnance de *soit communiqué* appelât tous les opposans à défendre leurs intérêts sur le recours, quatre d'entre eux seulement ont reçu la signification des requêtes du sieur Lebel.

Devant le Conseil, ils ont répondu, sur la compétence, « Que, l'affaire étant devenue contentieuse par la réclamation formée par les opposans à l'autorisation donnée, le Conseil de Préfecture , d'après l'art. 8 du décret du 15 octobre 1810, avait été compétent pour prononcer ; et que, pour reconnaître si les réclamations étaient fondées, il avait bien fallu qu'il statuât sur le fait de la condensation ; que le fait de la condensation ou de la non condensation jugé, l'établissement était forcément de première ou de troisième classe ; qu'en exprimant cette circonstance, le Conseil de Préfecture n'était pas sorti des limites de sa compétence ; qu'il n'avait pas apprécié les motifs du classement primitif ; qu'il n'avait fait rien autre chose, si ce n'est appliquer, au moyen du fait dont il était juge, les règles qui président au classement ; qu'enfin, ce n'était pas là procéder au classement lui-même, et s'attribuer les pouvoirs de l'administration discrétionnaire. »

Sur l'excès de pouvoir, « Que ce moyen était dérisoire ; que puisque le décret du 15 octobre donne aux Conseils de Préfecture le droit de juger les réclamations qui s'élèvent contre les décisions prises sur les demandes en autorisation, il faut bien que ces Conseils aient le pouvoir d'infirmer ces décisions. »

Sur le prétendu mal jugé, « Que le fait de la non condensation était établi par les avis et rapports de l'autorité même, et par les propres aveux du sieur Lebel ; qu'en effet, de divers passages de ces actes, il résultait que le sieur Lebel avait l'espoir de condenser les exhalaisons ; que l'appareil qu'il avait fait construire était insuffisant, et que les chimistes du Gouvernement lui avaient indiqué les précautions qu'il devait prendre ; que l'arrêté du 22 novembre 1820, portant autorisation, reconnaissait qu'il était possible que l'entrepreneur parvînt à condenser ; qu'ensuite, le 3 février 1821, c'est-à-dire à une époque postérieure à l'autorisation, un nouveau rapport du Comité consultatif avait conseillé des modifications et des perfectionnemens ; et qu'enfin, le sieur Lebel, dans sa requête au Conseil, avouait que, depuis l'arrêté attaqué par lui, il avait opéré les améliorations indiquées. »

Les opposans ont terminé leur défense en di-

sant que si le sieur Lebel prétendait qu'aujour-
d'hui la condensation avait lieu, ce n'était pas
au Conseil d'État, par la voix du contentieux,
qu'il pouvait demander la vérification de ce fait;
que c'était au Préfet de Police, et que, du reste,
l'arrêté attaqué l'avait indiqué lorsqu'il avait
énoncé qu'il ne retirait la permission que quant à
présent.

Les moyens de défense des opposans à l'établissement ont prévalu.

« LOUIS, etc., sur le rapport du Comité du
Contentieux,

» Vu la requête à nous présentée au nom du
sieur Lebel, affineur, demeurant commune de
Belleville, ladite requête enregistrée au secrétariat
général de notre Conseil d'État, le 23 mars 1821, et
tendante, etc.; — Vu le décret du 15 octobre 1810,
et notre ordonnance du 24 janvier 1815, sur les
établissemens qui répandent une odeur insalubre
et incommode;

» Considérant, sur la compétence, que l'autorisation du 22 novembre 1820 n'aurait pas été
compétemment donnée par le Préfet de Police,
si l'établissement du sieur Lebel n'eût pas été assimilé à la troisième classe; — Que les Conseils de
Préfecture sont, aux termes du décret du 15 octobre 1810, compétens pour juger sur les récla-

mations élevées contre les décisions prises par le Préfet de Police ou les maires, relativement aux établissemens de cette classe, et que, d'après l'art. 4 du même décret, ils doivent donner leur avis sur les oppositions aux établissemens de première classe; — Considérant, au fond, qu'il résulte des avis du Comité consultatif des Arts et Manufactures et du Conseil de Salubrité, que le sieur Lebel ne condense pas entièrement les gaz, mais qu'il y pourra parvenir en suivant les diverses instructions consignées dans lesdits avis; — Considérant qu'en effet le sieur Lebel déclare, dans sa requête, que, postérieurement à l'arrêté qu'il attaque, il a fait les différentes améliorations indiquées par le Comité consultatif; d'où il suit encore qu'à l'époque où l'arrêté a été rendu les gaz n'étaient pas entièrement condensés, et qu'ainsi le Conseil de Préfecture a fait une juste application des lois et règlemens de la matière; — Considérant d'ailleurs que l'arrêté ne statue que quant à présent, et qu'il ne fait pas obstacle à ce que le sieur Lebel sollicite une nouvelle autorisation, quelle que soit la classe à laquelle son établissement devra appartenir, d'après la nature des procédés qu'il aura définitivement adoptés;

» Notre Conseil d'Etat entendu, nous avons, etc.

» ART. 1er. La requête du sieur Lebel est rejetée.

» 2. L'arrêté du Conseil de Préfecture du département de la Seine, du 19 janvier 1821, est confirmé, sauf au sieur Lebel à se retirer de nouveau, et devant qui de droit, pour obtenir l'autorisation par lui demandée.

» 3. Le sieur Lebel est condamné aux dépens.

» 4. Notre Garde des Sceaux et notre Ministre de l'Intérieur sont chargés, etc. (1). »

Ainsi, cette ordonnance a jugé, 1° que pour que le Préfet de Police, à Paris, soit compétent pour autoriser un établissement insalubre ou incommode, il faut que cet établissement soit rangé parmi ceux de la troisième classe, ou du moins qu'il y soit assimilé par une décision du Ministre de l'Intérieur ;

2°. Que lorsqu'une autorisation pour un établissement de troisième classe a été donnée par le Préfet de Police, et qu'il s'élève postérieurement des réclamations, le Conseil de Préfecture est compétent pour les apprécier et infirmer l'autorisation accordée ;

3°. Que lorsque l'autorisation n'a été donnée pour un établissement de troisième classe que sous la condition de condenser entièrement les

---

(1) Macarel, t. I, pag. 577.

gaz qui peuvent être produits par les opérations de la fabrique, il y a lieu de révoquer l'autorisation, s'il est prouvé que les gaz ne sont pas entièrement condensés ;

4°. Que la révocation de l'autorisation, dans ce cas, laisse au fabricant la faculté d'en solliciter une nouvelle, s'il parvient à remplir les conditions imposées.

CHAPITRE VI.

DES ÉTABLISSEMENS D'ÉCLAIRAGE PAR LE GAZ HYDROGÈNE.

SECTION PREMIÈRE.

Législation.

LES procédés de l'éclairage par le gaz hydrogène ayant été récemment introduits en France, il ne faut pas s'étonner que le décret du 15 octobre 1810 et l'ordonnance réglémentaire du 14 janvier 1815 soient restés muets à son égard.

Une décision ministérielle, du 2 octobre 1817, avait rangé ces fabriques parmi celles qui composent la deuxième classe. L'ordonnance du 20 août 1824 est venue confirmer cette décision, en déclarant que tous les établissemens d'éclairage par le gaz hydrogène, tant les usines où le gaz est fabriqué que les dépôts où il est conservé, appartiennent à cette classe.

Mais, indépendamment des formalités exigées pour les établissemens de la deuxième classe, l'ordonnance ajoute que les fabriques de gaz hydrogène ne pourront être autorisées qu'en se conformant aux mesures de précaution portées dans l'instruction qui y est annexée (1), sans préjudice de celles qui pourront être ultérieurement ordonnées si l'utilité en est constatée par l'expérience.

Enfin, l'ordonnance ajoute que les usines d'éclairage par le gaz hydrogène seront constamment soumises à la surveillance de la police locale.

On voit par ces diverses dispositions que, bien que ces établissemens soient rangés dans la deuxième classe, cependant le Gouvernement s'est réservé le droit de modifier, suivant les circonstances, les autorisations qu'il donne pour les former, et que, sous certains rapports, on ne saurait confondre les principes qui s'appliquent à ces divers établissemens.

Tel est aussi le motif qui nous a empêché de comprendre les fabriques de gaz hydrogène parmi les règles générales rapportées dans notre chapitre IV.

SECTION II.

Jurisprudence.

Une mémorable affaire s'est présentée au Con-

______

(1) Voir cette instruction et l'ordonnance de Police du 20 décembre 1824, dans l'Appendice.

seil d'État. Il nous est impossible de ne pas entrer ici dans les détails des faits qui lui ont donné naissance et de la décision qui est intervenue.

Dans le mois d'août 1821, le sieur Pauwels, au nom et comme seul gérant responsable de la Société en commandite créée sous la raison *Pauwels et compagnie*, acheta une maison située dans le faubourg Poissonnière, entre les rues Rochechouart, Petrelle et Bellefonds, avec le projet d'y établir des ateliers pour l'extraction et l'épuraration du gaz hydrogène. Un pareil établissement ne pouvait être formé sans l'autorisation préalable du magistrat. Mais était-il dans la première ou dans la seconde classe des ateliers insalubres ? Fallait-il l'autorisation du Préfet de Police, ou l'autorisation du Roi ? Une décision ministérielle du 20 octobre 1817, ayant rangé les fabriques de gaz hydrogène dans la deuxième classe, le sieur Pauwels se pourvut en conséquence auprès du Préfet. Sa demande donna lieu à un procès-verbal d'enquête *de commodo et incommodo*, qui fut dressé par le commissaire de police de l'arrondissement, les 29 et 30 août du même mois. Cette enquête constata plusieurs oppositions, et l'accident arrivé quelque temps après au réservoir d'éclairage du palais de la Chambre des Pairs en porta le nombre à soixante-cinq. Le débat s'en-

gagea devant le Conseil de Préfecture de la Seine.
Dans l'intervalle, le Conseil de Salubrité avait
fait un rapport favorable au sieur Pauwels, attendu qu'il existait un semblable établissement
dans la rue d'Enfer pour l'éclairage du palais du
Luxembourg, et qu'il n'y avait pas de danger
pour la salubrité publique à autoriser celui du
quartier Poissonnière.

Toutefois, le Conseil de Préfecture ne crut pas
l'épreuve suffisante pour devoir prendre une détermination absolue ; par arrêté du 19 octobre 1821,
il ordonna que trois de ses membres et deux du
Conseil de Salubrité visiteraient l'établissement
du Luxembourg et celui du sieur Pauwels, afin
de statuer en connaissance de cause sur le rapport
de ces commissaires. Le 9 novembre suivant, le
même Conseil rejeta les oppositions, et décida
qu'il y avait lieu d'autoriser l'établissement projeté, « attendu que les places sur lesquelles s'opè-
rent les constructions sont éloignées à une distance assez considérable des habitations ; que le
local de l'atelier est beaucoup plus espacé, plus
aéré et plus loin des maisons voisines que ne l'est,
en proportion, l'atelier du Luxembourg ; que
dans le projet de construction, l'élévation des
murs à vingt pieds de haut, et celle des cheminées
à soixante, seront encore des garanties contre

l'effet des plus légères émanations qui pourraient s'échapper de l'atelier; que si l'atelier actif du Luxembourg ne produit aucune incommodité aux voisins, dont plusieurs en sont très rapprochés, il est évident que ceux de l'atelier projeté, construit exprès pour sa destination, avec toutes les dispositions que l'expérience a indiquées, n'en ressentiront pas davantage; que leurs inquiétudes ont pu être légitimes, d'après les grands préparatifs qu'ils ont vu faire pour l'application encore peu connue d'un procédé dont ils ont pu ignorer les effets; mais que l'examen attentif d'un atelier existant, dont personne ne se plaint et n'est disposé à se plaindre, doit les rassurer. »

Conformément à cette décision, le Préfet de Police de Paris, par arrêté du 15 du même mois, accorda l'autorisation définitive.

Recours au Conseil d'Etat, de la part des opposans.

Mais le Comité du Contentieux, trouvant que l'affaire n'avait pas été suffisamment instruite pour juger si l'établissement était de nature à être conservé, pensa qu'il y avait lieu d'appliquer l'article 14 du règlement du 22 juillet 1806, sur les affaires contentieuses. Cet article est ainsi conçu : « Si, d'après l'examen d'une affaire, il y a lieu d'ordonner que des faits ou des écritures soient vérifiés, ou qu'une partie soit interrogée, le Grand Juge (le Garde des Sceaux) désignera un maître des requêtes, ou commettra sur les lieux. Il règlera la forme dans laquelle il sera procédé à l'instruction. »

En conséquence, M. le Garde des Sceaux rendit à cette occasion l'ordonnance suivante :

« Nous Garde des Sceaux, etc. — Vu les requêtes, etc. — Avant faire droit, et de l'avis du Comité du Contentieux, avons ordonné et ordonnons, etc.

» ART. 1er. M. Tarbé, maître des requêtes, assisté de MM. Thenard, Gay-Lussac et Cordier, membres de l'Académie royale des Sciences, procédera, les parties préalablement appelées, à une nouvelle visite des lieux contentieux et à l'examen des ateliers dudit sieur Pauwels, à l'effet de constater si l'établissement projeté peut, ou non, par sa nature, sa position et ses proportions, porter préjudice aux voisins, ou nuire à la sûreté ou à le salubrité publiques. — En cas d'affirmative, les académiciens exposeront en quoi et comment ledit établissement peut nuire sous ce double rapport. — Dans le même cas, ils indiqueront s'il existe des moyens à employer pour prévenir les inconvéniens et les dangers dudit établissement, et quels seront ces moyens. — ART. 2. Préala-

8..

blement à la rédaction de l'avis des académiciens, les parties pourront présenter telles observations que bon leur semblera, et même requérir que leurs dires soient insérés au procès-verbal, qui sera rédigé et dressé par ledit maître des requêtes, signé de lui et des membres de l'Académie, pour sur le tout être ensuite statué par le Roi, en son Conseil d'Etat, ce qu'il appartiendra. — ART. 3. Expéditions de la présente ordonnance seront adressées, etc. »

Voici, parmi les moyens que les parties ont respectivement présentés, ceux sur lesquels le Conseil d'État a prononcé.

Ni le décret du 15 octobre 1810, ni l'ordonnance du 14 janvier 1815, disaient les opposans, ne parlent, dans leur nomenclature, des fabriques de gaz hydrogène. Dans ce cas, le Ministre de l'Intérieur a-t-il pu, par sa décision du 2 octobre 1817, les ranger dans la deuxième classe et suppléer ainsi au silence de la loi ? Évidemment non ; car il est impossible de voir là une mesure d'exécution ou la simple application d'un principe déjà déclaré ; c'est une véritable création nouvelle, un nouveau développement donné à cette branche de notre législation, dont il forme le complément. Or, le Ministre a franchi le cercle de sa mission, en ajoutant aux dispositions du décret de 1810 et de l'ordonnance de 1815 : c'est ce qui résulte de l'article 2 du décret précité. Cet article porte que « La permission nécessaire pour la formation des manufactures et ateliers compris dans la première classe, sera accordée avec les formalités ci-après, par un *décret rendu en Conseil d'État.* » Cet article suppose naturellement qu'il était réservé au Chef de l'État de déterminer le classement des manufactures; dans l'hypothèse contraire, que deviendrait l'article ? D'ailleurs, est-ce par une décision ministérielle qu'on a rempli la lacune qui se trouvait dans le décret de 1810 ? n'est-ce pas, au contraire, par une ordonnance royale ? Or, les mêmes motifs qui déterminèrent, en 1815, l'intervention du Chef de l'État, militaient indubitablement, en 1817, pour que le classement des manufactures de gaz hydrogène ne tombât pas dans les attributions du Ministre de l'Intérieur. Ainsi il est évident que le sieur Pauwels aurait dû s'adresser au Roi, en son Conseil d'État, lequel aurait statué directement, ou bien l'aurait renvoyé devant l'autorité compétente, après avoir déterminé la classe dans laquelle l'établissement projeté devait être rangé. Par le fait, l'autorisation qu'il a obtenue du Préfet de Police est donc nulle et de toute nullité.

Avant de répondre à ces argumens, le sieur

Pauwels opposa une fin de non-recevoir résultant de la signification de l'ordonnance de soit communiqué. Il prétendit que cette signification était irrégulière et entachée de nullité, aux termes de l'article 12 du règlement du 22 juillet 1806 et 61 du Code de procédure civile, attendu qu'elle ne mentionnait point la profession des opposans, ni leur domicile.

Sur le moyen d'appel, il disait que tout ce qui n'était pas défendu par la loi était permis, et que, par cette raison, en admettant que le Ministre de l'Intérieur n'eût pas le droit de classer les fabriques de gaz hydrogène, il aurait pu former son établissement sans autorisation préalable. Ainsi, a-t-il dit, de deux choses l'une : ou la classification faite par le Ministre de l'Intérieur, le 2 octobre 1817, est légale, ou elle ne l'est pas. Dans le premier cas, le moyen des opposans est inadmissible ; dans le second, il n'était besoin d'aucune autorisation, puisque aucune loi ne la prescrivait.

M. le Préfet de Police, dans ses observations sur les requêtes respectives des parties, s'est exprimé en ces termes sur l'arrêté de son prédécesseur :

« L'arrêté d'autorisation du 15 novembre 1821 n'est point une décision, quoi qu'en disent les adversaires de la compagnie Pauwels ; c'est un acte de forme, une conséquence nécessaire de la décision du Conseil de Préfecture, du 9 du même mois. Et, en effet, du moment qu'il y a des oppositions, les règlemens n'ont point voulu que l'affaire pût être jugée par les préfets, *puisqu'elle est devenue contentieuse.* La décision du Conseil de Préfecture me semble ne pouvoir être considérée, sous aucun point de vue, autrement que comme *un titre*, soit pour l'entrepreneur de l'établissement, soit pour les voisins dont les oppositions seraient reconnues fondées, qu'il n'appartient pas au préfet, mais seulement au Conseil d'État, d'infirmer suivant l'ordre de la juridiction administrative. Votre Excellence voudra bien d'ailleurs observer que, si l'on admettait le droit qu'auraient les préfets, dans l'opinion des appelans, de refuser l'autorisation demandée, après que le Conseil de Préfecture aurait décidé qu'il y a lieu de l'accorder sans s'arrêter aux oppositions, il faudrait leur reconnaître le même droit pour leur accorder la permission, quoique les oppositions eussent été admises, comme fondées, par le Conseil de Préfecture, en s'appuyant, dans l'un ou l'autre cas, sur des considérations d'ordre public : *une semblable jurisprudence serait contraire à tous les principes.* »

C'est dans cet état que le Conseil a statué, et que le Roi a prononcé, par ordonnance du 10 septembre 1823, tout-à-la-fois l'annulation des arrêtés du Conseil de Préfecture et du Préfet, par les motifs que nous allons transcrire.

« LOUIS, etc., — Sur le rapport du Comité du Contentieux,

» Vu le décret du 15 octobre 1810 et notre ordonnance du 14 janvier 1815, sur les établissemens incommodes et insalubres ;

» Considérant que la forme du recours des parties au Conseil d'État est déterminée par le règlement du 22 juillet 1806 ; — que ce règlement n'exige point l'indication de la profession des parties ; qu'il exige l'indication de leur demeure, mais ne prononce point la nullité des actes, en cas d'omission de cette formalité ; — Considérant qu'il résulte des circonstances de la cause, et notamment de ce qu'il n'existait pas de classification légale pour les entreprises d'éclairage par le gaz hydrogène, que le Préfet de Police n'avait pas, dans l'espèce, la capacité nécessaire pour accorder, en vertu du décret du 15 octobre 1810, l'autorisation demandée par la compagnie *Pauwels* ; — Considérant que les arrêtés attaqués du Conseil de Préfecture ont été rendus à l'époque où l'autorisation n'avait pas encore été accordée,

et que dès lors ce Conseil était dépourvu de juridiction pour statuer sur les oppositions ;

» Art. 1ᵉʳ. L'arrêté du Préfet de Police, du 15
novembre 1821, qui accorde à la compagnie
Pauwels l'autorisation de former un établissement
d'éclairage par le gaz hydrogène, dans le faubourg
Poissonnière, est annulé. — 2. Sont également
annulés les arrêtés du Conseil de Préfecture du
département de la Seine, des 19 octobre et 9 novembre 1821. — 3. La compagnie *Pauwels* est
condamnée aux dépens. »

Cette ordonnance peut donner lieu à de justes
critiques.

En effet, il est évident qu'antérieurement à
l'ordonnance du 20 août 1824, les établissemens
de gaz hydrogène n'étaient rangés par ordonnance dans aucune des trois classes. Seulement,
le Ministre de l'Intérieur, par sa décision du 2
octobre 1817, les avait placés parmi ceux qui
composent la deuxième classe. En cela le Ministre
avait agi conformément à l'article 5 de l'ordonnance réglémentaire du 14 janvier 1815, qui, en
attribuant ce droit aux préfets, a dû le réserver
plus expressément encore au Ministre de l'Intérieur, leur supérieur immédiat dans la hiérarchie
administrative. Or, le Préfet de Police à Paris est,
dans tous les cas, aux termes du même article ,

compétent pour autoriser les établissemens de deuxième classe. Il nous paraît donc que ce magistrat n'avait nullement dépassé ses pouvoirs en accordant au sieur Pauwels l'autorisation par lui demandée pour une *industrie nouvelle* (1).

Aussi l'administration a-t-elle reconnu, implicitement du moins, les vices dont l'ordonnance du 10 septembre 1823 était entachée, en ne la rendant pas exécutoire, et en accordant plus tard à la compagnie Pauwels une nouvelle autorisation, fondée sur l'ordonnance du 20 août 1824.

____

(1) On peut voir ce que nous avons déjà dit sur cette question, à la page 45 de ce *Traité*.

~~~~~~

CHAPITRE VII.

DES MACHINES A VAPEUR.

——

SECTION PREMIÈRE.

Législation.

.LA découverte des machines à vapeur est l'un des faits les plus extraordinaires de notre époque. Mais si l'industrie doit enfanter des prodiges au moyen des ressources immenses que le génie de Watt a su mettre à sa disposition, il n'en est pas moins vrai que l'administration, tout en se gardant d'apporter des obstacles au développement de ces ressources, a dû prendre les plus grandes précautions pour que la salubrité publique ne fût pas compromise par l'explosion des machines à vapeur, ou par les dangers de l'incendie que pourraient occasioner l'inhabileté des constructeurs ou la négligence des ouvriers.

Aussitôt l'apparition des machines à vapeur dans nos fabriques, le Gouvernement s'est empressé de leur attribuer un rang parmi les éta-
~~~~~~

blissemens dangereux, insalubres ou incommodes. Une ordonnance du 29 octobre 1823 a placé dans la deuxième classe de ces établissemens les machines à feu à haute pression, ou celles dans lesquelles la force élastique de la vapeur fait équilibre à plus de deux atmosphères, lors même qu'elles brûleraient complètement leur fumée.

Les pompes à feu à basse pression et fumivores, avaient été placées, par l'ordonnance du 14 janvier 1815, dans la troisième classe; toutefois, une annotation correspondante à ces dernières machines, indique que jusqu'à présent elles ne brûlent pas leur fumée d'une manière complète.

Il résulte de là que la classe à laquelle appartiennent les machines à feu à basse pression n'est réellement déterminée qu'en raison de la combustion plus ou moins complète de la fumée. Il y a donc beaucoup d'importance à rechercher quelle est la quantité de fumée que doit laisser échapper, dans un temps donné, une pompe à feu, pour être rangée dans la troisième classe, et quel est le système de construction qui doit être imposé en conséquence.

L'expérience seule pourra faire connaître par la suite ce qu'il faut entendre par une cheminée véritablement fumivore. En attendant, nous croyons devoir donner ici un avis du *Comité consultatif des Arts et Manufactures ,* sur les moyens dont l'emploi paraît le plus propre à rendre fumivores les pompes à feu.

« On a proposé bien des moyens pour rendre les fourneaux fumivores ; nous ne ferons ni la description ni la critique de ce procédé ; nous ne parlerons que de ceux de **M. Darcet**, parce qu'un long usage a prouvé qu'ils étaient au moins suffisans.

» Pour rendre un fourneau fumivore, il faut faire passer à travers la grille, ou à la surface du combustible, une quantité d'air assez considérable pour opérer l'entière combustion des molécules de charbon, d'huile et de noir de fumée qui se trouvent mêlées avec les gaz, et entraînées avec eux dans la cheminée.

» Le meilleur moyen d'arriver à ce but, est de donner à la grille une dimension assez grande, relativement à celle de la cheminée. Le fourneau doit être construit de telle manière, que la section horizontale de la cheminée soit à la section horizontale du foyer, comme *un* est à *cinq,* ou au moins comme *un* est à *six*.

» Si le foyer a *six* pieds carrés de surface, la cheminée doit avoir au moins *un* pied carré d'ouverture.

» Avec cette construction, un fourneau est

toujours fumivore, surtout lorsqu'on emploie du bon charbon de terre bien sec, et ne contenant que peu de poudre.

» Lorsqu'on veut ajouter du charbon dans le fourneau, on doit toujours attiser le feu quelques instans avant; on laisse passer la flamme, et l'on ajoute le charbon noir et froid sur le devant du foyer, afin que la fumée épaisse qui se produit alors puisse se brûler en passant sur le charbon de terre incandescent, qui couvre le fond de la grille; on évite ainsi, autant que possible, la bouffée de fumée qui sort des fourneaux les plus parfaits lorsqu'on ouvre la porte du foyer, et qu'on change par là momentanément les proportions qui doivent exister entre le foyer et la cheminée, pour que le fourneau brûle bien la fumée.

» On ne doit mettre que peu de charbon à la fois dans le fourneau; les barreaux de la grille doivent être mobiles, afin de pouvoir être enlevés aisément tous les jours par le chauffeur; sans cela il ne peut pas, même avec de la bonne volonté, bien nettoyer le foyer, et tenir la grille en bon état de service.

» Il est des cas particuliers où l'on peut brûler la fumée du charbon de terre, en la faisant passer avec de l'air neuf, sur un foyer de *coak* ou de bois bien sec; dans d'autres, on brûle la fumée

en la faisant passer avec quantité suffisante d'air
neuf, à travers un canal en brique porté à la chaleur rouge; mais il n'est pas en général praticable
d'employer ces moyens.

» Il existe à la Monnaie une pompe à feu, à laquelle on a fait l'application d'un procédé tendant
à opérer la combustion de la fumée.

» On ne sait pas encore si cette tentative réus-
sira complètement; le fourneau n'a pas été allumé
depuis qu'il a été réparé : cette réparation n'a été
que partielle, et sera probablement insuffisante
sous le rapport de la destruction totale de la
fumée. »

Fidèles au plan que nous avons suivi jusqu'ici,
nous allons mettre sous les yeux de nos lecteurs
le texte même de l'ordonnance du 29 octobre
1823.

« Art. 1er. Les machines à feu à haute pression,
ou celles dans lesquelles la force élastique de la
vapeur fait équilibre à plus de deux atmosphères,
lors même qu'elles brûleraient complètement leur
fumée, ne pourront être établies qu'en vertu
d'une autorisation obtenue conformément au décret du 15 octobre 1810, pour les établissemens
de deuxième classe.

» Elles seront en outre soumises aux conditions
de sûreté suivantes.

» 2. Lors de la demande en autorisation, les chefs d'établissement seront tenus de déclarer à quel degré de pression habituelle leurs machines devront agir.

» Ils ne pourront dépasser le degré de pression déclaré par eux.

» La pression sera évaluée en unités d'atmosphère, ou en kilogrammes par centimètre carré de surface exposé à la pression et à la vapeur.

» 3. Les chaudières des machines à haute pression ne pourront être mises dans le commerce, ni employées dans un établissement, sans que préalablement leur force ait été soumise à l'épreuve de la presse hydraulique.

» Toute chaudière devra subir une pression d'épreuve cinq fois plus forte que celle qu'elle est appelée à supporter dans l'exercice habituel de la machine à laquelle elle est destinée.

» Après l'épreuve, et pour en constater le résultat, chaque chaudière sera frappée d'une marque indiquant en chiffres le degré de pression pour lequel elle aura été construite.

» Les chefs d'établissement ne pourront faire emploi d'une chaudière qu'autant qu'elle sera marquée d'un chiffre exprimant au moins une force égale au degré de pression annoncé dans leur déclaration.

» 4. Il sera adapté deux soupapes, une à chaque extrémité de la partie supérieure de chaque chaudière. Leur dimension et leur charge seront égales, et devront être réglées tant sur la grandeur de la chaudière que sur le degré de pression porté sur son numéro de marque, de telle sorte, toutefois, que le jeu d'une seule des soupapes suffise au dégagement de la vapeur, dans le cas où elle acquerrait une trop grande tension.

» La première soupape restera à la disposition de l'ouvrier qui dirige le chauffage ou le jeu de la machine.

» La seconde soupape devra être hors de son atteinte et recouverte d'une grille dont la clef restera à la disposition du chef de l'établissement.

» 5. Il sera en outre adapté à la partie supérieure de chaque chaudière deux rondelles métalliques, fusibles aux degrés ci-après déterminés.

» La première, d'un diamètre au moins égal à celui d'une des soupapes, sera faite en métal dont l'alliage soit de nature à se fondre ou à se ramollir suffisamment pour s'ouvrir à un degré de chaleur supérieur de dix degrés centigrades au degré de chaleur représenté par la marque que doit porter la chaudière.

» La seconde, d'un diamètre double de celui ci-dessus, sera placée près de la soupape de sûreté et enfermée sous la même grille. Elle sera faite en métal dont l'alliage soit de nature à se fondre ou à se ramollir suffisamment pour s'ouvrir à un degré de chaleur supérieur de vingt degrés centigrades à celui que représente la marque de la chaudière.

» Ces rondelles seront timbrées d'une marque annonçant en chiffres le degré de chaleur auquel elles sont fusibles.

» 6. Une chaudière ne pourra être placée que dans un local d'une dimension au moins égale à vingt-sept fois son cube.

» Ce local devra être éclairé, au moins sur deux de ses côtés, par de larges baies de croisées fermées de châssis légers et ouvrant en dehors. Il ne pourra être contigu aux murs mitoyens avec les maisons voisines, et devra toujours être séparé, à la distance de deux mètres, par un mur d'un mètre d'épaisseur au moins. Il devra aussi être séparé par un mur de même épaisseur, de tout atelier intérieur. Il ne pourra exister d'habitation, ni d'atelier au-dessus de ce local.

» 7. Les ingénieurs des mines, dans les départemens où ils sont en résidence, et, à leur défaut, les ingénieurs des Ponts et Chaussées, sont chargés de surveiller les épreuves des chaudières et des rondelles métalliques. Il les frapperont des marques dont les timbres leur seront remis à cet effet.

» Lesdits ingénieurs s'assureront, dans leurs tournées, au moins une fois par an, que toutes les conditions prescrites sont rigoureusement observées. Ils visiteront les chaudières, constateront leur état, et provoqueront la réforme de celles que le long usage ou une détérioration accidentelle leur ferait regarder comme dangereuses.

» Les autorités chargées de la police locale exerceront une surveillance habituelle sur les établissemens pourvus de machines à haute pression.

» En cas de contravention aux dispositions de la présente ordonnance, les chefs d'établissement pourront encourir l'interdiction de leur établissement sans préjudice des peines, dommages et intérêts qui seraient prononcés par les tribunaux.

» 8. Notre Ministre de l'Intérieur fera publier une instruction sur les mesures de précautions habituelles à observer dans l'emploi des machines à haute pression.

» Cette instruction sera affichée dans l'enceinte des ateliers (1).

» 9. Notre Ministre de l'Intérieur est chargé de

---

(1) Voir les deux instructions dans l'Appendice.

l'exécution de la présente ordonnance, qui sera insérée au *Bulletin des Lois.* »

On voit qu'indépendamment des formalités ordinaires exigées pour l'établissement des fabriques de deuxième classe, les machines à vapeur sont encore soumises à des mesures particulières de sûreté.

On pourrait induire de là qu'en prescrivant des précautions spéciales pour ce qui concerne la construction de ces machines, l'administration a fait tout ce qu'elle pouvait faire, après s'être assurée, toutefois, que ces précautions ont été accomplies, et qu'elle ne saurait ensuite connaître des inconvéniens qui peuvent provenir de ces machines, tels, par exemple, qu'un bruit sourd et redoublé qui incommoderait le voisinage. Si les voisins, dit-on, dans cette manière de raisonner, souffrent un préjudice véritable, de graves inconvéniens, par l'effet de ces mécaniques, ils pourraient avoir recours aux tribunaux, qui leur rendraient justice; mais le Conseil de Préfecture serait incompétent pour interdire l'usage de la machine à vapeur, toutes les fois qu'il ne s'agirait pas de sûreté ou de salubrité, mais seulement d'incommodité.

Ce raisonnement ne nous paraît pas fondé. Le texte de l'ordonnance que nous avons rapportée plus haut, place les machines à vapeur parmi les établissemens de deuxième classe. Tout ce qui est relatif à ces établissemens s'applique donc aussi aux machines. Or, dans le premier cas, il est évident que l'administration, soit réglémentaire, soit contentieuse, est compétente pour tout ce qui concerne, non-seulement le danger et l'insalubrité, mais encore l'incommodité. De là, il nous paraît qu'un Conseil de Préfecture qui, statuant sur des oppositions, aurait annulé une autorisation de machine à vapeur donnée par un préfet, ne serait pas sorti du cercle de ses attributions légales, et que son arrêté ne pourrait être avec raison dénoncé sur ce point au Conseil d'État.

SECTION II.

Bateaux à vapeur.

Quoique la législation concernant les bateaux à vapeur ne rentre pas directement dans le but de cet ouvrage, cependant elle a tant de rapport avec l'objet spécial de ce chapitre, que nous pensons qu'il serait incomplet, si nous n'y ajoutions pas les dispositions de l'ordonnance du 2 avril 1823, sur cette ingénieuse amélioration apportée récemment au système de navigation.

« LOUIS, etc., sur le rapport de notre Ministre Secrétaire d'État au département de l'Intérieur,

» Vu la loi du 29 floréal an X (19 mai 1803);

» Vu les arrêtés du Préfet de la Gironde, des 15 novembre 1821 et 27 mars 1822, pour la police des bateaux à vapeur établis sur la Garonne;

» Vu les observations et avis de notre Ministre de la Marine, du 27 août 1822, sur lesdits arrêtés;

» Vu l'avis du Conseil général des Ponts et Chaussées, du 10 octobre suivant :

» Considérant que les lois et règlemens existans, appliqués aux bateaux à vapeur, ne garantissent pas d'une manière suffisante la sûreté de l'équipage et des passagers, et qu'ainsi il y a nécessité de recourir à des dispositions spéciales;

» Considérant qu'il importe d'établir, pour la police de ce genre de navigation, déjà introduit sur plusieurs fleuves, des mesures générales et uniformes, en laissant à l'autorité locale le soin de faire des règlemens particuliers qui en dérivent;

» Notre Conseil d'État entendu, nous avons ordonné et ordonnons ce qui suit :

» ART. 1er. Dans les départemens où il existe des fleuves, rivières ou côtes, sur lesquels seront ou pourront être établis des bateaux à vapeur, le préfet formera une ou plusieurs Commissions,

composées de personnes expérimentées, et pré-
sidées, soit par un ingénieur en chef des Ponts et
Chaussées et des Mines, soit, à son défaut, par
un ingénieur ordinaire.

» Cette Commission sera chargée, sous la direction du préfet, de s'assurer que les bateaux à
vapeur sont construits avec solidité, particulièrement en ce qui concerne l'appareil moteur ;
que cet appareil est soigneusement entretenu dans
toutes ses parties, et ne présente aucune probabilité d'effraction, ni aucune détérioration dangereuse.

» 2. Aucun bateau à vapeur ne pourra entrer
en navigation qu'après que la Commission aura
constaté la solidité de construction et le bon état
de la machine, et que le préfet aura notifié aux
propriétaires qu'il a reçu et approuvé le procès-
verbal de la Commission.

» 3. La Commission fera, chaque trimestre,
une visite des bateaux à vapeur, et en adressera
au préfet le procès-verbal, où seront consignées
ses propositions sur les mesures à prendre dans
le cas où l'état de l'appareil présenterait des dangers probables.

» Indépendamment de cette visite trimes-
trielle, la Commission devra en faire d'autres
toutes les fois qu'elle en recevra l'ordre du préfet.

» 4. Les bateaux à vapeur sont assujettis, pour ce qui concerne le nombre des passagers, les heures du départ, la composition de l'équipage, et l'état des bâtimens, aux lois et règlemens pour la navigation, qui sont en vigueur, soit sur les côtes, soit sur les fleuves et rivières.

» En conséquence, quand les bateaux seront dans le cas de naviguer dans la circonscription des arrondissemens maritimes, les capitaines devront être munis d'un permis de navigation ou d'un rôle d'équipage ; et lorsqu'ils navigueront seulement dans l'intérieur, ils seront assujettis à la surveillance des officiers de port, ainsi qu'aux règlemens particuliers du préfet, pour tout ce qui se rapporte à la police des départs, et à la sûreté des embarcations.

» 5. Notre Ministre Secrétaire d'État au département de l'Intérieur, est chargé de l'exécution de la présente ordonnance (1). »

____

(1) On peut voir dans l'Appendice les règlemens publiés dans le département de la Seine-Inférieure, concernant l'établissement et l'emploi des machines à feu.

CHAPITRE VIII.

DES POUDRERIES ET MAGASINS A POUDRE.

SECTION PREMIÈRE.

Compétence.

Les établissemens compris dans les nomenclatures annexées au décret du 15 octobre 1810 et aux diverses ordonnances rendues depuis sur le même sujet, ne comprennent que des propriétés privées, considérées dans leurs rapports avec d'autres propriétés privées, situées dans leur voisinage.

Les règles relatives à ces propriétés doivent-elles s'appliquer aux établissemens d'utilité publique ? C'est ce qu'il est difficile de croire en examinant les principes qui concernent la matière. « S'il s'agissait d'un établissement d'utilité publique, dit M. Tarbé de Vauxclairs, maître des requêtes et inspecteur général des Ponts et Chaussées (1), on ne pourrait, sous le prétexte de

____

(1) Répertoire de la nouvelle législation, par le baron

l'incommodité ou de l'insalubrité, invoquer l'application des règles qui concernent l'industrie particulière; autrement, ce serait admettre que les Conseils de Préfecture, appelés à prononcer sur les oppositions, pourraient contrarier et même paralyser des mesures d'ordre public prescrites par le Gouvernement. Par exemple, le voisinage d'une poudrerie est assurément incommode et dangereux; mais si, dans des considérations militaires et dans l'intérêt de la défense, le Gouvernement a reconnu utile de faire fabriquer la poudre dans telle localité plutôt que dans telle autre, les Conseils de Préfecture sont incompétens pour admettre les oppositions. Ce n'est pas que les voisins qui se croient lésés par le projet de l'établissement ne soient fondés à réclamer des indemnités d'expropriation ou de dépréciation; mais, dans ce cas, les indemnités ou dommages doivent être réglés d'après les formes prescrites par les lois et règlemens sur les expropriations ou dépréciations pour cause d'utilité publique. »

Favard de Langlade. V°. *Manufactures et ateliers incommodes.*

SECTION II.

Jurisprudence.

Les principes que nous avons développés dans la section précédente ont trouvé leur application dans l'affaire suivante :

Une ordonnance du 30 janvier 1821 avait ordonné la translation de la poudrerie d'Essone au domaine du *Bouchet*.

M. Delaitre, propriétaire d'une filature près de ce dernier endroit, le sieur Legendre et d'autres propriétaires formèrent opposition à cette ordonnance. Cette opposition était fondée sur le danger que présentait le voisinage de l'établissement projeté, et la dépréciation considérable qui devait en résulter pour leurs propriétés.

Par arrêté du 13 mars 1822, le Conseil de Préfecture de Seine-et-Oise, devant qui cette opposition avait été formée, se déclara incompétent, « attendu que les poudreries ne sont pas » comprises dans la nomenclature des établisse- » mens dont parle l'ordonnance de 1815, et » qu'il ne peut appartenir aux Conseils de Pré- » fecture d'étendre les attributions qui leur sont » données par la loi. »

Cet arrêté fut approuvé par décision du Ministre de la Guerre, du 11 mai suivant, sur l'avis des Comités réunis de l'Intérieur, des Finances et de la Guerre. Le Ministre reconnut, toutefois, que s'il y avait lieu à des indemnités pour les dommages qui pourraient résulter de l'établissement, il y serait par lui statué.

Le sieur Delaitre et les autres opposans se sont pourvus au Conseil d'État contre l'arrêté du Conseil de Préfecture et la décision du Ministre.

Ils ont exposé d'abord que l'ordonnance du 3o juin 1821 ayant été rendue sans qu'ils aient été entendus, ils pouvaient y former opposition.

Mais, ont-ils ajouté, devant qui cette opposition devait-elle être portée? N'était-ce point devant le Conseil de Préfecture? Ce Conseil s'est déclaré incompétent; en cela il a commis une grave erreur.

Sans doute, en principe, il n'appartient point aux Conseils de Préfecture d'étendre les bornes de leur compétence et de leurs attributions; mais ici leur compétence était réglée par une disposition formelle de la loi; et en effet, l'art. 4 du décret du 15 octobre 1810 porte que « s'il y a des oppositions, le Conseil de Préfecture donnera son avis, sauf la décision du Conseil d'État. » Or, cette disposition de la loi était évidemment applicable à l'espèce. On a dit que les poudreries n'étaient point nominativement comprises dans

la nomenclature des établissemens pour lesquels
le décret du 15 octobre 1810 et l'ordonnance
royale du 14 janvier 1815 avaient fixé les formes
à suivre. Mais d'abord cette nomenclature n'est
pas restrictive ; elle n'est qu'énonciative : c'est
ce qui résulte de la disposition de l'art. 5 de cette
ordonnance, qui autorise les préfets à suspendre
la formation des établissemens nouveaux qui,
n'ayant pu être compris dans cette nomenclature, seraient cependant de nature à y être placés ;
ensuite, il était inutile d'y comprendre les *poudreries,* parce que le Gouvernement en ayant
l'administration exclusive, il eût été inutile et
même inconvenant de lui imposer l'obligation
d'exécuter ses propres lois.

- Que si des motifs d'intérêt général et politique
ont exigé que l'exploitation des poudres restât
au pouvoir du Gouvernement, celui-ci, à l'égard
des tiers, ne peut avoir que les droits d'un simple
particulier ; il est soumis aux mêmes obligations.
D'où il suit que les tiers peuvent former opposition à un établissement projeté par le Gouvernement et qui blesse leurs intérêts, et que cette
opposition doit être portée devant le Conseil de
Préfecture ; autrement, il n'y aurait point d'autorité qui pût statuer, et le droit d'opposition
ne serait plus qu'un droit illusoire.

Ces moyens n'ont pas prévalu, et l'ordonnance suivante a été rendue le 20 novembre 1822 :

« LOUIS, etc. ; sur le rapport du Comité du Contentieux,

» Vu la requête à nous présentée, au nom du sieur baron Delaitre, propriétaire de la manufacture de l'Épine, près Arpajon, et du sieur *Legendre,* propriétaire du moulin Payot, enregistrée au secrétariat général de notre Conseil d'État, le 28 mai 1822, et tendant, etc. ; — Vu le décret du 15 octobre 1810 et notre ordonnance du 14 janvier 1815 sur les ateliers et manufactures incommodes ou insalubres ; — Vu la loi du 8 mars 1810 sur les expropriations pour cause d'utilité publique ; — Vu toutes les pièces produites ;

» Considérant, sur la compétence, que les dispositions prises par le Gouvernement pour la formation des établissemens qui intéressent la sûreté ou la défense du territoire, ne peuvent devenir l'objet d'une opposition par la voie contentieuse ;

» Notre Conseil d'État entendu, nous avons, etc.

» Art. 1er. La requête des sieurs baron Delaitre et Legendre est rejetée, sauf auxdits sieurs à se pourvoir ainsi qu'ils aviseront pour obtenir, s'il y a lieu, les indemnités auxquelles ils prétendent avoir droit. — Art. 2. Notre

Garde des Seaux et notre Ministre de la Guerre et de l'Intérieur sont chargés, etc. (1).

L'affaire dont nous venons de parler ne tarda pas à en amener une seconde entre les mêmes parties.

Déclaré, comme on vient de le voir, non recevable dans son opposition, le sieur Delaitre réclama des indemnités; le Ministre de la Guerre lui en ayant refusé, il porta son action devant le tribunal de première instance de Paris; mais le conflit d'attributions fut élevé aussitôt. Il a en outre porté devant le Conseil d'Etat son appel contre les deux décisions ministérielles.

Le Conseil a prononcé, ainsi qu'il suit, sur le conflit et sur l'appel, le 21 décembre 1825.

« Charles, etc., sur le rapport du Comité du contentieux, vu la loi du 17 juillet 1819; — Vu l'ordonnance royale du 1er. août 1821; — Vu l'ordonnance du 20 novembre 1822;

» Considérant, d'après la connexité des deux questions de compétence que présentent le conflit et le pourvoi du sieur Delaitre, qu'il y a lieu de statuer par une seule et même ordonnance, tant sur le conflit que sur le pourvoi; — Considérant sur le conflit qu'il existait deux décisions ministé-

____

(1) Macarel, t. IV, pag. 392.

rielles qui faisaient obstacle à ce que les tribunaux pussent prononcer sur la demande du sieur Delaitre; — Sur les conclusions du sieur Delaitre, tendantes à ce qu'il nous plaise annuler les décisions de notre Ministre de la Guerre, pour cause d'incompétence; — Considérant qu'il a été jugé contradictoirement et définitivement, par l'ordonnance du 20 novembre 1822, que la poudrerie du Bouchet est un établissement militaire qui intéresse la sûreté et la défense du territoire; —Que, jusqu'à l'époque de la loi du 17 juillet 1819, le Ministre de la Guerre a été seul compétent pour prononcer sur les demandes d'indemnités pour dommages causés aux particuliers par l'établissement des places fortes et autres moyens défensifs du royaume; — Que l'article 15 de cette loi du 17 juillet 1819 ne renvoie aux tribunaux que les demandes en indemnité relatives aux expropriations, aux privations de jouissance ou aux dommages matériels; — D'où il suit, aux termes de l'art. 16 de la même loi, que notre Ministre de la Guerre est investi du droit de statuer, en première instance, et sauf recours à nous en notre Conseil d'État, sur les demandes en indemnité pour les autres cas non prévus dans la loi;

» ART. 1er. L'arrêté de conflit élevé par le Préfet du département de la Seine est approuvé, et

les parties procèderont au fond par-devant uous
en notre Conseil d'État (1).

SECTION III.

*Des fabriques de poudres fulminantes, et apparte-
nantes à des particuliers.*

Toutes les règles qui viennent d'être exposées
dans les deux sections précédentes concernent les
établissemens appartenans au Gouvernement. Il
n'en serait pas ainsi des fabriques de poudre appartenantes à des particuliers.

Ces fabriques de poudre, ainsi que celles des
matières détonantes et fulminantes, d'allumettes,
d'étoupilles et autres objets du même genre préparés avec ces sortes de poudres ou matières, ont
été placées dans la première classe des établissemens dangereux, insalubres et incommodes, par
une ordonnance du 25 juin 1823.

Indépendamment des mesures de précaution
imposées généralement aux établissemens de première classe, et des formalités nécessaires pour
obtenir leur autorisation, cette ordonnance prescrit aux fabricans de poudres ou matières détonantes et fulminantes des conditions spéciales
auxquelles ils doivent se soumettre.

____

(1) Macarel, t. VII, pag. 728.

Ainsi, ils doivent tenir un registre légalement colé et paraphé, sur lequel ils sont obligés d'inscrire, jour par jour, de suite et sans aucun blanc, les quantités fabriquées et vendues, ainsi que les noms, qualités et demeures des personnes auxquelles ils les auront livrées.

Les fabricans d'allumettes, étoupilles et autres objets de la même espèce préparés avec des poudres ou matières détonantes et fulminantes, doivent tenir également un registre en bonne forme, sur lequel ils inscrivent, au fur et à mesure de chaque achat, le nom et la demeure des fabricans qui leur ont vendu lesdites poudres ou matières.

Les marchands détaillans d'amorces pour les armes à feu à piston, et les marchands détaillans d'allumettes, d'étoupilles et autres objets du même genre préparés avec des poudres détonantes et fulminantes, ne sont point soumis aux formalités prescrites pour les établissemens de première classe, mais ils sont tenus de renfermer ces différentes préparations dans des lieux sûrs et séparés, dont ils doivent seuls avoir la clef.

Il leur est défendu de se livrer à ce commerce sans en avoir préalablement fait *leur déclaration* par écrit, savoir : dans Paris, à la Préfecture de Police, et dans les communes à la mairie, afin qu'il soit vérifié si leur local est convenablement disposé pour cet usage.

Voici les règles que l'administration suit ordinairement en cette matière :

Les maires font procéder à la visite des localités affectées au dépôt des préparations dont il, vient d'être question. Cette visite doit avoir lieu avec l'assistance d'un architecte ou expert maçon, qui indique, par écrit, le système de constructions ou distributions que commanderait la prudence. Cette indication est notifiée au dépositaire des préparations, avec injonction de s'y conformer et de ne faire usage du local ainsi disposé qu'après qu'il aura été vérifié, par une nouvelle visite, que les précautions prescrites ont été observées. Toutes contraventions sont constatées par procès-verbal, et déférées aux tribunaux de simple police.

Les maires agissent, dans ces circonstances, en vertu de la loi des 15 et 24 août 1790 (§ 5 de l'art. 3 du tit. 16).

Les poudres et matières détonantes et fulminantes ne peuvent être employées qu'à la fabrication des amorces propres aux armes à feu, des allumettes, des étoupilles ou autres objets d'une utilité reconnue.

Enfin, les contrevenans aux dispositions que nous venons de rappeler sont poursuivis devant les tribunaux de police, sur les procès-verbaux ou rapports des agens de la police administrative et judiciaire.

Quant aux artificiers, leurs établissemens ont été placés parmi ceux de première classe, par l'ordonnance réglémentaire du 14 janvier 1815.

Nous allons néanmoins indiquer quelques-unes des règles auxquelles ils avaient été soumis sous l'ancienne législation; ce sera un moyen d'ajouter des développemens à ce que nous avons dit, dans notre premier chapitre, sur la manière dont on procédait autrefois relativement aux établissemens dangereux ou insalubres.

Des édits de 1572, 1582 et 1601 avaient défendu le commerce des poudres et salpêtres sans une permission spéciale; ils en avaient assujetti le débit à des règles précises. Une ordonnance du Roi, du 8 octobre 1640, avait enjoint au surintendant des poudres et salpêtres, ou, en son absence, au commissaire général, d'établir des préposés dans chaque ville du royaume, auxquels on enverrait des magasins ordinaires telle quantité de poudre à canon et à gibier qu'il serait nécessaire, sur les mémoires et ordres des magistrats des lieux. Enfin, un édit de Louis XIV, du mois de juin 1662, défendait à toutes personnes, tant sujets qu'étrangers, d'amener ou faire amener dans le royaume aucune poudre à canon ; d'en vendre ni débiter, en gros ou en détail, sous peine de confiscation des poudres et d'amende arbitraire.

Mais sur les oppositions formées à l'enregistrement de cet édit par les maîtres et gardes des marchands merciers, grossiers et joailliers de Paris, il leur fut permis d'acheter des poudres fines pour la chasse, et même d'en faire faire aux moulins établis alors à cet usage.

On avait bien senti, en différens temps, les inconvéniens de l'exercice de ce commerce dans l'intérieur de Paris, et cependant il n'avait encore été prohibé que dans quelques quartiers par des arrêts de 1621 et 1658. Mais un accident arrivé, en 1706, dans la maison d'un artificier, rue Saint-Antoine, dont cet infortuné et une partie de sa famille furent les victimes, réveilla l'attention de la police. Le Parlement rendit un arrêt, le 15 mai de cette année, par lequel il fit défense aux merciers, quincailliers et autres marchands de poudres et pièces d'artifice, de s'établir dans le voisinage des églises, maisons royales, palais de justice, hôtels des princes, officiers de la commune et premiers magistrats, hôpitaux, colléges, halles, marchés publics, et académies royales où les jeunes gens font leurs exercices, ainsi que dans

les quartiers les plus populeux de Paris., à peine
de confiscation desdites marchandises, de 5oo liv.
d'amende, dépens, dommages et intérêts, même
de punition corporelle si le cas y échet; et avant
que les artificiers pussent s'établir dans les quartiers non prohibés, il leur était ordonné d'en
donner avis au lieutenant général de police et aux
commissaires au Châtelet, chacun en son quartier.

Les officiers de police maintinrent l'exécution
de ce sage règlement; et, par sentence du 16 septembre 1724, un nommé Hottement, artificier,
fut condamné, pour la contravention par lui com-
mise, en 3o liv. d'amende.

L'augmentation et l'agrandissement de Paris
obligèrent les premiers magistrats à renouveler et
augmenter les précautions qu'on avait prises par
l'arrêt du 15 mai 1706. On les amplifia par ceux
des 3o avril 1729 et 14 août 1731, qui défendent
tous aux fabricans et marchands d'artifices de se
loger ou plutôt d'avoir leurs ateliers et marchandises dans l'intérieur de la ville et des faubourgs.

Telles étaient les principales dispositions de
l'ancienne législation relativement aux artificiers,
qui sont aujourd'hui soumis aux formalités exigées par le décret du 15 octobre 1810, pour les
établissemens de première classe.

CHAPITRE IX.

DE LA COMPÉTENCE DES TRIBUNAUX, ET DES
DOMMAGES ET INTÉRÊTS.

SECTION PREMIÈRE.

Jurisprudence administrative.

QUOIQUE l'exécution des formalités prescrites par le décret du 15 octobre 1810, par l'ordonnance réglémentaire du 14 janvier 1815, et par les autres ordonnances qui ont été rendues sur le même sujet, rentrent directement dans les attributions du pouvoir administratif, il ne faudrait pas croire néanmoins que les tribunaux n'aient pas quelquefois à prononcer sur des contestations qui s'élèvent à l'occasion d'établissemens dangereux, insalubres ou incommodes.

En effet, des tiers pouvant éprouver un préjudice matériel d'un établissement autorisé, il faut bien qu'un recours leur soit ouvert, en raison des pertes plus ou moins grandes que les entreprises d'autrui peuvent leur causer.

Or, la juridiction administrative serait impuissante pour leur attribuer les dommages et intérêts qu'ils sont en droit de réclamer.

C'est donc la juridiction civile à laquelle on doit s'adresser en pareil cas.

L'art. 11 du décret du 15 octobre 1810, en déclarant que les dispositions de ce décret n'auraient point d'effet rétroactif, réserve aux particuliers dont les propriétés auraient à souffrir du voisinage des établissemens en activité le droit de réclamer des dommages *qui seront arbitrés par les tribunaux.*

L'art. 10 du titre 3 de la loi du 24 août 1790, sur l'organisation judiciaire, porte : « Le juge de paix connaîtra sans appel jusqu'à la valeur de 50 livres, et à charge d'appel à quelque valeur que la demande puisse monter, des actions pour dommages faits, soit par les hommes, soit par les animaux, aux champs, fruits et récoltes; » disposition maintenue par l'art. 3 du Code de procédure civile.

Enfin, l'art. 1382 du Code civil est ainsi conçu : « Tout fait quelconque de l'homme qui cause à autrui un dommage, oblige celui par la faute duquel il est arrivé à le réparer. »

Voici les textes d'après lesquels il nous paraît incontestable que tout individu qui a souffert un dommage *matériel* provenant d'un établissement légalement autorisé, a le droit d'actionner devant le juge de paix le fabricant dont les entreprises lui ont causé préjudice, pour en obtenir une juste réparation.

Cependant il faut bien prendre garde à la distinction, subtile en apparence, qui trace la limite des deux juridictions.

Les ateliers dangereux, insalubres ou incommodes peuvent causer aux propriétés voisines deux sortes de dommages : 1° un dommage *matériel,* tel que la perte totale ou partielle de leurs productions, ou récoltes, etc.; 2° le dommage moral qui résulte de la dépréciation vénale que cause à une propriété le voisinage d'un établissement dangereux, insalubre ou incommode.

C'est de cette distinction que doit résulter la compétence de la juridiction civile, ou de la juridiction administrative.

Dans le premier cas, en effet, point de doute, selon nous, que la partie qui éprouve un dommage immédiatement appréciable, ne doive s'adresser au juge de paix, sauf l'appel, suivant la circonstance.

Dans le second, au contraire, il faut procéder administrativement, c'est-à-dire suivre les formalités dont il a été question dans le cours de ce Traité, d'après la classe à laquelle l'établissement peut appartenir.

Cette doctrine nous paraît être sanctionnée par la jurisprudence du Conseil d'État, et nous verrons tout à l'heure qu'elle est loin d'être opposée à celle de la Cour de cassation.

Deux ordonnances ont été rendues sur cette matière : par la première, il a été décidé que le dommage *matériel* doit être apprécié et réparé par les tribunaux. Un de ses *considérans* est ainsi conçu : « En cas de contravention à l'une des conditions ci-dessus prescrites, le Préfet de Police demeure autorisé à suspendre la marche de l'atelier de plomberie et de laminerie du sieur de Regny , *sans préjudice des dommages-intérêts réclamés par les tiers, et qui seront jugés par les tribunaux* (1). »

Nous avons rapporté plus haut, et sous un autre rapport, la seconde de ces ordonnances.

C'est celle qui a été rendue dans l'affaire du sieur Paillard , dont on trouve le résumé dans notre troisième chapitre, page 49 et suivantes.

Rappelons ici l'un des motifs de cette ordonnance, conçu en ces termes : « Considérant, sur

____

(1) Ord. du 2 juillet 1823. — Macarel, t. V, p. 463.

les conclusions subsidiaires, que le décret du 15 octobre 1810 a chargé l'administration de recueillir toutes les informations qui peuvent l'éclairer sur les dangers ou inconvéniens, tant publics que particuliers, auxquels peut donner lieu l'établissement dont l'autorisation est demandée ; que l'administration supérieure doit prononcer sur les oppositions que pourrait faire naître cette demande ; que, par conséquent, il serait contraire aux règles qui ont fixé la séparation des pouvoirs judiciaire et administratif, d'autoriser devant les tribunaux un recours qui tendrait à faire juger par eux *la diminution de valeur que pourrait causer à des propriétés voisines* la formation d'un établissement autorisé par une ordonnance qui aurait prononcé sur ces questions, etc. »

Ainsi, nous voyons la distinction du dommage matériel et du dommage moral résulter de la jurisprudence même du Conseil d'État.

SECTION II.

Jurisprudence judiciaire.

Deux arrêts récents de la Cour de cassation ajoutent beaucoup de poids à l'opinion que nous venons d'émettre dans la précédente section.

L'un de ces arrêts a été rendu dans les circonstances suivantes.

Nous avons donné, dans notre chapitre **V**, une analyse détaillée de l'affaire du sieur Lebel, et, ainsi qu'on peut se le rappeler, ce fabricant avait vu rejeter par le Conseil d'État sa demande d'annulation d'un arrêté du Conseil de Préfecture du département de la Seine, qui lui refusait l'autorisation de maintenir un établissement d'affinage d'or et d'argent, au moyen de l'acide sulfurique, qu'il avait formé sans autorisation.

Plus tard, le sieur Lebel obtint cette autorisation, en prouvant par le témoignage des gens de l'art, qu'il faisait usage d'un condensateur perfectionné, au moyen duquel aucune odeur insalubre ou incommode ne se répandait dans l'air.

Mais les voisins du sieur Lebel n'en eurent pas moins à se plaindre des entreprises de ce fabricant; et l'un d'eux, le sieur Graindorge, se vit dans la nécessité de le faire citer devant le juge de paix du canton de Pantin.

Le 26 avril 1821, jugement du tribunal de police municipale qui condamne, contradictoirement, après diverses expertises ordonnées aussi par jugement, le sieur Lebel et la dame Lyon-Allemand, son associée, à payer au sieur Graindorge, demandeur, une somme de 2,020 fr. à titre de dommages et intérêts.

Le sieur Lebel interjeta appel de ce jugement,

qui fut confirmé le 28 février 1823 par le tribunal de première instance de Paris.

Ce fabricant se pourvut en cassation contre le jugement d'appel, auquel il reprochait d'avoir violé les lois du 24 août 1790 et du 16 fructidor an III, et le décret du 15 octobre 1810.

Mais la section civile de la Cour de cassation a rejeté son pourvoi en ces termes, par arrêt du 19 juillet 1826 :

« Attendu, sur le premier moyen, qu'il était question dans la cause de dommages - intérêts matériels causés par l'établissement de la fabrique du sieur Lebel, et que, aux termes de la loi du 24 août 1790, l'autorité judiciaire était compétente pour en connaître; que la compétence, à cet égard, n'a été ni restreinte, ni modifiée par le décret du 15 octobre 1810, ni par aucune autre loi;

» Attendu, sur le second moyen, que tout fait de l'homme qui porte dommage aux fruits et récoltes, rentre dans les attributions de la justice de paix, qu'il soit causé par son fait médiat ou immédiat; et que, dans l'espèce, c'était un fait de cette nature qui constituait le litige; par ces motifs la Cour rejette, etc. »

Le même jour la Cour de cassation rendit un second arrêt, dans lequel elle consacre les mêmes principes.

Le sieur Porry avait établi, en 1811, à Marseille, une fabrique de vitriol bleu, après avoir rempli les formalités d'usage.

La dame Arbaud, propriétaire voisine, forma opposition, et en fut déboutée par le Conseil de Préfecture en 1817; elle assigna en dommages et intérêts, devant le tribunal de Marseille, le sieur Porry, qui éleva un déclinatoire tendant à être renvoyé devant l'administration.

Le tribunal rejeta le déclinatoire, et, statuant au fond, condamna le sieur Porry au paiement de 9,032 fr. pour dommages causés tant par sa fabrique de vitriol bleu que par deux autres usines antérieures au décret.

Le 8 février 1821, la Cour royale d'Aix confirma le jugement, sauf quelques légers changemens. Le sieur Porry s'étant pourvu en cassation contre cet arrêt, la Cour rejeta son pourvoi, par les mêmes motifs, exprimés dans l'arrêt du même jour dont nous venons de rapporter les dispositions.

Nous devons ajouter que plusieurs Cours royales ont encore prononcé dans le même sens, et entre autres la Cour royale d'Aix, qui, par ses arrêts des 3 et 7 avril 1826, va même jusqu'à prétendre que le dommage *moral,* comme le dommage *matériel,* doit être apprécié et réparé par les tribunaux, parce que, dit-elle, le décret du 15 octobre 1810,

(159)

en disposant, par son art. 11, que les dommages
causés aux propriétaires par des fabriques seraient
arbitrés par les tribunaux, n'a fait aucune dis--
tinction entre le préjudice *matériel* et le préjudice
moral.

Il nous paraît que, dans cette dernière disposition, la Cour royale d'Aix a été trop loin ; mais
la jurisprudence de la Cour de cassation nous
semble extrêmement raisonnable et réserver aux
citoyens toutes les garanties qu'ils peuvent désirer, lorsqu'ils ont suivi la filière de l'administration contentieuse pour s'opposer à une usine
qui vient s'établir dans leur voisinage, et qui leur
cause un dommage appréciable et des torts répa-
rables.

Un arrêt rendu par la Cour royale d'Aix , le
25 janvier 1827, va nous fournir encore quelques
observations critiques sur la jurisprudence de
cette Cour.

Voici en quelles circonstances cet arrêt fut
rendu :

Les sieurs Armand et compagnie possèdent,
dans leur domaine de Coutran , commune d'Au-
riole, département des Bouches-du-Rhône , une
fabrique de soude, dont l'établissement fut autorisé sans aucune espèce d'opposition de la part
des tiers, par décret du 9 décembre 1811.

Depuis quatorze années , ces usines n'ont pas cessé d'être exploitées ; et durant ce long espace de temps, pas une plainte ne s'était élevée de la part des propriétaires environnans ; mais depuis, un grand nombre de demandes sont venues atteindre les sieurs Armand et compagnie : un des plaignans a évalué jusqu'à 80,000 fr. l'indemnité qu'il réclamait.

Le 19 avril 1826, les sieurs Riboulet, Pellissier et Guigou, tous trois propriétaires cultivateurs, formèrent une demande en réparation du dommage matériel causé dans leur propriété aux arbres et herbages, tels qu'oliviers, pins, chênes blancs, bois rampans, garouttes, pois et lentilles.

L'affaire fut portée devant le tribunal de Marseille ; mais les sieurs Armand, sans aborder le fond , proposèrent un moyen déclinatoire fondé sur ce que, aux termes de la loi du 24 août 1790, et de l'art. 3 du Code de procédure civile, cette demande constituait une action qui était de la compétence du juge de paix. Le tribunal rejeta le déclinatoire, et retint la cause, par jugement du 18 juillet 1826.

L'appel de ce jugement fut porté devant la Cour royale d'Aix, qui rendit l'arrêt suivant :

« Attendu que, d'après l'art. 10, titre III de la loi du 24 août 1790, les juges de paix doivent connaître des actions pour dommages faits, soit par les hommes, soit par les animaux, aux champs, fruits et récoltes ; qu'il est évident que le législateur a voulu parler d'un dommage momentané, qui pouvait être à l'instant constaté et réparé ; mais qu'une semblable disposition ne peut s'appliquer à un dommage permanent, qui attaque le fonds, à un dommage causé plus par l'établissement que par l'homme, lors surtout que cet établissement se trouve avoir été légalement autorisé, et que l'action de police ne compèterait pas ;

» Que d'ailleurs, dans l'estimation de ce dommage, *l'avenir entre autant que le présent et le passé*, et qu'il donne lieu à évaluer ce dont le fonds qui le souffre est diminué ;

» Qu'ainsi, l'art. 11 du décret du 15 octobre 1810 dispose que les entreprises des établissemens qui préjudicient aux propriétés de leurs voisins, seront passibles des dommages qui seront arbitrés par les tribunaux ; un tel arbitrage, qui peut donner naissance à des questions de la plus haute importance, paraît être hors des attributions des juges de paix ;

» La Cour déboute de l'appel envers le jugement du 18 juillet, etc. »

La doctrine contenue dans cet arrêt, en déniant aux juges de paix le pouvoir de connaître d'une demande en dommages-intérêts réclamés par des tiers, est en opposition avec la jurisprudence de la Cour de cassation, telle que nous l'avons analysée plus haut.

Si nous osons nous constituer juges entre deux autorités aussi imposantes, ce sera pour rejeter l'opinion de la Cour royale d'Aix.

En effet, son arrêt repose sur une distinction qui n'est pas dans la loi. L'art. 10 du titre III de la loi du 24 août 1790 est général; il attribue au juge de paix le droit de connaître, à charge d'appel, *à quelque valeur que la demande puisse monter*, des actions pour dommages faits, soit par les hommes, soit par les animaux, aux champs, fruits et récoltes.

Des termes aussi étendus prouvent bien que le législateur n'a pas craint de laisser à ces magistrats un arbitrage qui, en certaines circonstances, *peut donner naissance à des questions de la plus haute importance.*

Cette disposition n'est pas la seule par laquelle la loi ait abandonné aux juges de paix une juridiction relative aux plus graves intérêts; et lorsqu'on leur a remis le droit de prononcer en matière de brevets d'invention, on a bien pu leur laisser l'appréciation des dommages causés par des éta-

(163)

blissemens dangereux, insalubres ou incommodes.

Peu importe après cela que le dommage soit permanent ou qu'il soit momentané; rien dans la loi ne justifie, selon nous, cette distinction.

Enfin, la Cour d'Aix ne s'est-elle pas méprise sur le sens de l'art. 11 du décret du 15 octobre 1810?

Si cet article renvoie vaguement aux *tribunaux* la connaissance des dommages matériels provenant des établissemens autorisés, il n'a pas voulu assurément désigner à laquelle des diverses branches de la juridiction civile ces affaires appartiendraient. C'était par opposition à l'administration contentieuse, qu'il indiquait la justice ordinaire comme étant compétente dans ces sortes d'actions, sans prescrire par là plutôt les *tribunaux de première instance* que les *tribunaux de paix*, ne pouvant pas entendre dévier aux règles générales attributives de juridictions.

Enfin, nous terminerons cette revue de la jurisprudence sur notre sujet par une espèce que nous ne devons pas omettre ici, parce qu'il s'agissait d'un établissement formé antérieurement au décret de 1810, et que d'ailleurs l'arrêt qui est intervenu a jugé des questions fort importantes en matière de dommages et intérêts et de solidarité.

Le sieur Rigaud et consorts fabriquaient depuis long-temps, avant le décret de 1810, de la soude artificielle, sans qu'aucune réclamation se fût élevée contre eux , lorsqu'en 1819 plusieurs voisins, et entre autres un sieur Bourguignon, intentèrent contre Rigaud et autres une action en indemnité du dommage causé à sa propriété par les exhalaisons des manufactures de ces derniers. — Le 3 septembre 1823, le tribunal de Marseille ordonne une expertise. — Bourguignon demande une provision de 10,000 fr. — Le 26 mars 1825 , jugement qui condamne solidairement les manufacturiers à payer 2,000 fr. de provision. — Appel par Rigaud et autres. — Appel incident par Bourguignon.

Le 14 mai 1825, arrêt de la Cour d'Aix, qui porte la provision à 6,000 fr. « Considérant, sur la provision, y est-il dit, qu'il est certain tout-à-fait que la partie de Martin a éprouvé un dommage considérable dans sa propriété ou son domaine de Fabregoule, et que le dommage provient des vapeurs produites par là fabrication de la soude factice qui se fait dans les fabriques situées dans le voisinage de Septèmes, et appartenantes aux parties de Tassy ; — Que cela résulte de la notoriété publique, de la situation respective et topographique des lieux ; d'une foule de jugemens et arrêts qui ont accordé, contre les fabricans, des indemnités à des

propriétaires bien plus éloignés des fabriques que
le sieur Bourguignon ; du propre aveu des parties
de Tassy, qui ont volontairement payé des dommages-intérêts à un fermier de ce dernier, pour
une portion du domaine dont il s'agit ; de l'offre,
quoique non acceptée comme insuffisante, qu'elles
ont faite à Bourguignon lui-même pour la réparation des dommages par elle causés ; enfin, du
jugement qui au procès nomme des experts, bien
moins pour constater l'existence du dommage,
qui ne saurait être sérieusement contesté, et en
assigner la cause, qui n'est pas non plus douteuse,
que pour fixer la quotité de ce dommage, laquelle
forme véritablement le litige entre les parties ; —
Que dès lors Bourguignon peut évidemment
puiser dans ces diverses circonstances, surtout en
l'état du procès et des incidens qu'il a fait naître,
le titre et le droit de demander une provision ;
— Considérant, pour ce qui est de la solidarité,
qu'elle est la conséquence en fait et en droit du
dommage causé à la partie de Martin par la faute
des parties de Tassy ; — Qu'en effet, ce quasi-
délit de leur part ne consiste pas dans l'établissement autorisé de leurs fabriques, mais dans la
manière abusive de les exploiter au préjudice du
sieur Bourguignon ; qu'il est le fait commun de
tous les fabricans, et le fait particulier de chacun

d'eux ; qu'il est évident que s'il n'existait qu'un moindre nombre de fabriques ou une seule , le dommage serait moins important et peut-être nul; que ce dommage est augmenté ou même s'opère seulement par la réunion des vapeurs de différentes fabriques ; — Considérant que si, par la manière indivisible dont le dommage s'effectue , et par le résultat d'une faute particulière et commune , le fait de chacun des fabricans devenant le fait de tous, et le fait de tous étant le fait de chacun, la réparation est due par tous et par chacun , *per totum et totaliter*. Cette solidarité est conforme aux principes du droit; car puisqu'un mandataire qui a fait volontairement des avances dans l'intérêt de plusieurs mandans, et pour une affaire commune à ceux-ci, peut les rapporter solidairement contre eux , à plus forte raison celui qui, malgré lui, éprouve un dommage doit-il pouvoir en demander solidairement la réparation contre les personnes qui l'ont conjointement occasioné ; — Considérant que le principe, que la solidarité ne se présume pas, n'est applicable qu'aux conventions où celui qui la réclame sans l'avoir stipulée a toujours à se reprocher de n'en avoir pas fait une condition expresse du contrat ; que la solidarité est, au contraire, de droit dans les délits contre tous ceux qui, même sans concert prémédité entre eux , concourent à l'action , quels que soient d'ailleurs le degré de culpabilité respective , et les circonstances qui modifient cette culpabilité; — Considérant qu'en matière de quasi-délit , il en est de même qu'en matière de délit , puisque le quasi-délit repose, comme le délit , sur un fait illicite , prohibé, et qui n'est pas susceptible de stipulation à l'instant où il a lieu de la part de celui qui en est la victime, et que, dans l'un comme dans l'autre cas, la solidarité résulte de la nature et de la force des choses. »

Le sieur Rigaud et consorts se pourvurent en cassation contre cet arrêt; ils alléguaient :

1°. Excès de pouvoir, contravention à l'ordonnance de 1667 et à l'art. 135 du Code de procédure, en ce que la Cour aurait condamné les demandeurs en cassation à payer 6,000 fr. de dommage, sans qu'il y ait été prouvé qu'il y eût eu dommage. En effet, aux termes de ces lois, le demandeur doit prouver sa demande ; et s'il ne la prouve pas , on ne doit pas prononcer des condamnations en sa faveur. Mais c'est à titre de provision, dira-t-on : oui; mais on ne pouvait pas accorder une provision dans la cause; il aurait fallu pour cela que Bourguignon eût un titre certain non contesté, ou se trouvât dans une position particulière, ce qui ne se rencontrait pas dans l'espèce;

2°. Violation de l'art. 11 du décret du 15 octobre 1810, de l'ordonnance du 14 janvier 1815, et de l'art. 1202 du Code civil. — Les demandeurs, disait-on, n'ont commis ni délit, ni quasi-délit, ni contravention, en fabriquant de la soude; ils usaient d'un droit en vertu d'autorisation : dès lors, on ne pouvait pas les condamner solidairement, alors surtout qu'il n'y avait aucune convention ni stipulation de solidarité.

Sur ce pourvoi, la section des requêtes a rendu le 11 juillet 1826 l'arrêt suivant :

« La Cour, sur les conclusions de M. Lebeau, avocat-général; attendu, sur le premier moyen, que l'arrêt attaqué déclare qu'il ne s'agit pas de savoir s'il y a dommage dans les propriétés du sieur Bourguignon, puisque ce dommage a été reconnu par les demandeurs eux-mêmes, qui ont offert une somme de 2,000 fr. pour le réparer; qu'en puisant la preuve de l'existence et de la cause des dommages dans la reconnaissance et dans les offres des demandeurs, la Cour n'a commis aucun excès de pouvoirs;

« Attendu, sur le deuxième moyen, qu'il résulte aussi de l'arrêt, que les dommages soufferts proviennent, non de l'existence des manufactures, mais de l'abus des manufacturiers, qui n'ont pas pris les précautions convenables pour prévenir ces dommages, qui sont le résultat d'un quasi-délit;

» Considérant qu'il y a eu nécessité pour la Cour royale de prononcer une condamnation solidaire, par l'impossibilité où elle a déclaré se trouver, en fait, de déterminer la proportion dans laquelle chaque établissement devait être tenu des dommages, et que cette proportion serait d'ailleurs réglée d'une manière plus exacte par les propriétaires desdits établissemens, qui ont déjà fait des offres, sur lesquelles l'arrêt a basé sa condamnation, rejette, etc. »

Jusqu'ici nous n'avons parlé de la compétence des tribunaux relativement aux ateliers dangereux, insalubres ou incommodes, qu'en matière civile; nous devons rechercher s'il n'y aurait pas des cas où les tribunaux de police seraient appelés à connaître des délits ou quasi-délits provenant de ces établissemens.

Point de doute, suivant nous, que si des accidens d'une nature correctionnelle ou même criminelle provenaient d'un atelier autorisé, mais pour lequel on ne se serait pas conformé aux précautions prescrites par l'administration, cette imprudence des propriétaires ne dût retomber sur eux. Le dernier paragraphe de l'art. 7 de l'ordonnance du 29 octobre 1823, sur les machines à feu à haute pression, contient cette réserve expresse relativement aux peines et aux dommages et intérêts qui peuvent être prononcés par les tribunaux, en cas de contravention.

Mais en serait-il de même si des voisins se plaignaient d'un tapage nocturne causé par la mise en activité d'une machine à vapeur ou de telle autre partie d'un établissement autorisé?

Nous pensons qu'il faudrait, avant tout, consulter les règlemens de la police locale; car on ne pourrait considérer le bruit résultant des travaux de certaines professions comme appartenant à la classe des bruits ou tapages injurieux ou nocturnes, troublant la tranquillité des habitans, lesquels constituent la contravention prévue et punie par l'art. 479 (n° 8) du Code pénal.

Mais si l'administration municipale avait fait des règlemens pour établir l'heure passé laquelle on ne pourrait se livrer à ces travaux, alors la contravention à ces règlemens serait punissable d'après les dispositions des art. 5, titre XI de la loi du 24 août 1790; 600 et 606 du Code du 3 brumaire an IV.

Telles sont les règles très sages posées dans un arrêt rendu par la Cour de cassation le 16 avril 1825, au rapport de M. Aumont.

CHAPITRE X.

DU CONFLIT.

Nous allons parler maintenant d'une mesure extraordinaire au moyen de laquelle se trouvent souvent tranchées les difficultés qui s'élèvent à l'occasion des deux compétences, administrative et judiciaire.

Il y a deux espèces de conflits d'attribution, le conflit positif et le conflit négatif.

Le premier s'entend du cas où le juge ordinaire, se trouvant saisi d'une affaire de nature administrative, en est dessaisi par la revendication qui en est faite au nom de l'administration.

Le conflit négatif, au contraire, a lieu lorsque le juge ordinaire et le juge administratif refusent chacun de connaître de l'affaire qui lui est présentée, comme sortant de son ressort respectif.

C'est donc pour maintenir les juridictions dans les limites de leurs compétences, et pour empêcher les excès de pouvoirs, que le conflit positif a été institué.

Sous ce rapport, on ne saurait nier l'utilité de

cette grande mesure, contre laquelle néanmoins on élève tous les jours beaucoup de critiques.

Il faut convenir, tout en considérant l'institution du conflit comme salutaire en elle-même, que la forme sous laquelle elle s'exécute est extrêmement vicieuse, et n'offre pas toutes les garanties d'indépendance qu'on devrait en espérer.

Effectivement, le conflit est dans le domaine exclusif des préfets des départemens, ou du Préfet de Police, à Paris, qui peuvent l'élever soit d'office, soit sur la réquisition du procureur du Roi, soit sur l'invitation du Ministre (1).

Ainsi, un simple agent de l'administration, révocable au bon plaisir du Gouvernement, tient dans ses mains l'immense pouvoir de paralyser l'action de la justice régulière, d'enlever à l'autorité judiciaire la connaissance d'une cause qu'elle prétend lui appartenir, d'attribuer à une autre juridiction, aussi dépendante que lui, une action portée par les citoyens devant leurs juges naturels, sous le prétexte qu'elle est de son essence administrative.

Remarquons encore que l'administration devient juge dans sa propre cause; car c'est au

____

(1) Arrêté réglém. du 13 brumaire an X, et Ordon. réglém. du 12 décembre 1821.

Conseil d'État qu'appartient seul le règlement des conflits d'attribution.

Ne pourrait-on pas désirer qu'un pouvoir indépendant fût investi du droit de prononcer à laquelle des deux autorités, administrative ou judiciaire, doit être portée la cause qui donne lieu au conflit ?

Mais tel n'est pas l'état des choses, et nous allons montrer, par un exemple, en quelles circonstances cette revendication est ordinairement exercée.

Nous avons déjà eu plusieurs fois occasion de parler, dans le courant de cet ouvrage, des contestations qui se sont élevées entre le sieur Lebel, manufacturier à Belleville, l'administration d'abord, et ensuite ses voisins. Nous avons, dans la seconde section du chapitre précédent, rapporté sommairement le procès en dommages-intérêts qui lui fut suscité par le sieur Graindorge, et qu'il perdit devant la justice de paix, devant le tribunal de première instance, jugeant en appel, et enfin devant la Cour de cassation.

Un nouveau procès du même genre lui avait encore été intenté par le sieur Pâris et par les sieurs Graindorge, ses voisins. Comme dans le précédent, le sieur Lebel avait échoué devant le juge de paix ; et il était appelant, lorsque l'arrêt de la Cour de cassation du 19 juillet 1826, rendu dans sa première affaire, lui faisant prévoir l'issue de la nouvelle, il s'empressa de s'adresser à M. le Préfet de Police, pour le prier d'élever le conflit d'attributions.

Ce magistrat, déférant à cette demande, rendit, le 2 août 1826, l'arrêté suivant :

« Nous, Conseiller d'État, Préfet de Police, vu l'autorisation accordée, le 23 juillet 1821, par notre prédécesseur au sieur Lebel, de mettre en activité l'établissement par lui formé au parc Saint - Fargeau, commune de Belleville, pour l'affinage de l'or et de l'argent, à l'aide de l'acide sulfurique, ladite autorisation maintenue par arrêté du Conseil de Préfecture du 29 mars 1822, et confirmée définitivement par ordonnance du Roi, du 19 février 1823 ;

» Le jugement du tribunal de paix du canton de Pantin, en date du 6 mars 1826, par lequel, etc. ;

» Considérant que les demandes en indemnité des propriétaires voisins des établissemens dangereux et insalubres ou incommodes, autorisés par l'administration, ne peuvent être du ressort de l'autorité judiciaire, qu'autant qu'elles sont intentées pour obtenir la réparation d'un tort *matériel*, tel que celui que l'exploitation de ces établissemens pourrait occasioner aux fruits de la terre en les faisant périr ou en altérant leur végétation ;

» Qu'au contraire, les demandes en indemnité formées à raison *de la diminution de la valeur vénale* que la formation desdits établissemens pourrait causer aux propriétés voisines, sont exclusivement dans les attributions de l'autorité administrative ;

» Que, dans l'espèce, le jugement du tribunal de paix de Pantin ne peut être considéré comme ayant prononcé des dommages *matériels ;* qu'en effet, il faudrait, pour que la condamnation eût ce caractère, que l'existence des dommages eût été constatée, tant pour l'année 1825 que pour les années antérieures ; qu'elle ne l'a pas été pour 1825, puisque les experts n'ont pas reconnu que les récoltes eussent péri, ou que leur végétation eût été altérée ; qu'elle n'aurait pu l'être, pour les années précédentes, que par des enquêtes auxquelles il n'a pas été procédé ;

» Que la condamnation repose exclusivement sur une appréciation purement conjecturale de la diminution de produit qu'ont pu éprouver *annuellement* les propriétés des sieurs Pâris et Graindorge ; que cette *appréciation de la diminution du produit annuel équivaut complètement à une diminution de la valeur vénale,* puisque le propriétaire d'un héritage dont le revenu se trouverait invariablement réduit ainsi, chaque année, subirait une perte proportionnelle sur le capital ;

» Et qu'en conséquence cette condamnation a en réalité pour cause, non des dommages *matériels*, mais une *diminution de valeur*, et que le tribunal, en la prononçant, a empiété sur les attributions de l'autorité administrative ;

» En vertu de la loi du 21 fructidor an III (7 septembre 1795), de l'arrêté du Gouvernement du 13 brumaire an X (4 novembre 1801), de l'ordonnance du Roi du 12 décembre 1821, etc.,

» Arrêtons ce qui suit :

» Art. 1er. Il est élevé un conflit d'attributions relativement à l'instance pendante, devant la quatrième chambre du tribunal de première instance de la Seine, sur l'appel du jugement rendu le 6 mars 1826, par le tribunal de paix du canton de Pantin, qui a condamné le sieur Lebel et la dame Lyon - Allemand en des dommages-intérêts envers les sieurs Pâris et Graindorge, à raison de la diminution du produit des terrains de ces trois propriétaires. »

Ainsi, on voit que, dans cette affaire, le Préfet de Police, tout en reconnaissant la vérité du principe distinctif du dommage matériel et de la dépréciation vénale, n'en ôte pas moins aux tribunaux la connaissance d'une cause que l'autorité si imposante de la Cour de cassation n'a pas fait difficulté de maintenir dans leur domaine ; et ce conflit repose entièrement sur une question de fait, celle de savoir si les dommages-intérêts alloués par le juge de paix avaient pour but de réparer le dommage causé aux arbres, à leur crue, à leurs fruits et à leur végétation, par les entreprises du sieur Lebel, ou seulement de réparer le préjudice que l'établissement causait aux voisins en diminuant la valeur vénale de leurs propriétés.

Le Conseil d'État, s'il eût admis la doctrine subtile de M. le Préfet de Police, aurait arraché aux tribunaux civils le droit qu'ils se reconnaissent, de prononcer sur les dommages *matériels* que peuvent causer aux propriétés limitrophes les établissemens autorisés ; mais il n'en a pas été ainsi, et une ordonnance du 27 décembre 1826 a fait justice du conflit en ces termes :

« Vu l'article 10 du titre X de la loi du 24 août 1790, et l'article 3 du Code de procédure civile ;

» Vu l'arrêté du 4 novembre 1801 (13 brumaire an X), et les ordonnances royales des 12 décembre 1821 et 15 décembre 1822 ;

» Considérant qu'il ne s'agissait pas, dans la contestation portée devant le tribunal de paix du canton de Pantin, de la dépréciation des propriétés résultant du voisinage d'un établissement autorisé par le Gouvernement, mais seulement des dommages matériels causés aux arbres et récoltes par l'exploitation dudit établissement, et que les tribunaux sont seuls compétens pour apprécier ces dommages; qu'ainsi le juge de paix du canton n'a point excédé les limites de sa compétence;

» ART. 1er. L'arrêté de conflit pris le 2 août 1826, par le Préfet de Police, est annulé. »

Ainsi cette ordonnance établit irrévocablement que les dommages matériels appartiennent à l'appréciation des tribunaux.

APPENDICE

CONTENANT

LES CIRCULAIRES ET INSTRUCTIONS

MINISTÉRIELLES,

ORDONNANCES DE POLICE,

RÈGLEMENS ADMINISTRATIFS, ETC.,

EN MATIÈRE

D'ATELIERS DANGEREUX,

INSALUBRES OU INCOMMODES.

APPENDICE.

CIRCULAIRE

DU MINISTRE DE L'INTÉRIEUR,

A MM. LES PRÉFETS DES DÉPARTEMENS.

Paris, ce 22 novembre 1811.

Vous connaissez, M. le Préfet, le décret impérial du 15 octobre 1810, qui règle les formalités à remplir par les entrepreneurs d'établissemens qui répandent une odeur insalubre ou incommode. Quelques-unes de ses dispositions ayant fait naître des demandes d'explications, je crois devoir suppléer par des détails aux lacunes qui peuvent s'y trouver. Vous savez qu'il divise les établissemens en trois classes, et que ni les uns ni les autres ne peuvent être mis en activité *sans une permission de l'autorité administrative.* La formation de ceux qui sont compris dans la première classe ne pouvant avoir lieu qu'en vertu d'un décret rendu en Conseil d'État, et qu'après qu'il a été apposé des affiches dans un rayon de cinq kilomètres, il était nécessaire de déterminer la durée de ces affiches. J'ai pensé qu'elle devait être d'un mois. Vous voudrez bien veiller à l'accomplissement de cette formalité, dont le but est de faire connaître le projet de former l'établissement, afin que ceux qui auraient des réclamations à présenter ne puissent se plaindre de n'avoir pas été avertis en temps utile. Que ce projet donne naissance ou non à des oppositions, le certificat des maires des communes dans lesquelles les affiches auront été apposées devra mentionner cette circonstance. S'il est adressé un mémoire, il conviendra de le joindre aux pièces de l'affaire, afin que l'autorité qu'indique le décret du 15 octobre, pour statuer sur les oppositions, puisse juger si elles sont fondées.

Il est arrivé quelquefois que des Conseils de Préfecture ont pris des décisions contraires à des demandes en formation d'établissemens, ou en suppression de ceux en activité avant le décret du 15 octobre : ces décisions ont donné lieu à des particuliers de m'écrire, pour me prier de les annuler. Ce n'est point à moi qu'ils auraient dû s'adresser pour obtenir cette annulation. Le décret trace aux parties la marche qu'elles ont à suivre. Elles doivent se pourvoir à la Commission du Contentieux du Conseil d'État, en employant le ministère d'un avocat près ce Conseil. Il conviendrait de faire connaître cette marche à ceux dont on n'aurait point accueilli les demandes ; on leur éviterait ainsi une correspondance qui ne saurait leur faire atteindre le but qu'ils se proposent, et à moi des réponses dans lesquelles je ne puis que les renvoyer aux dispositions qui régissent la matière.

Quoique la nomenclature annexée au décret du 15

octobre ait été rédigée avec soin, le temps a néanmoins
fait connaître qu'on avait oublié d'y comprendre
quelques fabrications qui ont des rapports avec celles
dont il parle. Ces fabrications ayant été l'objet des
demandes d'instructions de la part de plusieurs préfets,
je crois devoir vous indiquer la classe dans laquelle
elles doivent être rangées. Vous trouverez ci-jointe
une nomenclature supplémentaire à ce sujet, nomenclature qui servira dorénavant de règle aux autorités
du département dont l'administration vous est confiée.
Il m'a paru également qu'il convenait de faire impri-
mer le décret du 15 octobre. Quelques erreurs s'y
étant glissées lorsqu'on l'a inséré dans le n° 323 du
Bulletin des Lois, il a été nécessaire de les rectifier,
et c'est ce qu'on a fait par un article qui se trouve à
la fin du n° 345. Comme ces rectifications n'ont fixé
l'attention que de peu de personnes, il arrive souvent
qu'on me demande des éclaircissemens dont on n'aurait pas besoin si l'on savait qu'elles existent. L'im-
pression du décret rectifié est donc utile, en ce qu'elle
empêchera le renouvellement des méprises qui ont
eu lieu jusqu'à ce jour.

Voilà, M. le Préfet, quelles sont les instructions
que je crois devoir vous adresser. Il serait inutile
d'entrer dans des détails, pour faire sentir l'importance
des dispositions du décret du 15 octobre : elle est telle,
qu'il ne saurait recevoir une trop grande publicité.
Les mesures qu'il prescrit intéressent l'universalité
des communes de l'empire, puisque, dans toutes, il

existe, ou il peut se former des établissemens qui répandent une odeur insalubre ou incommode. S'il convient de n'accorder des permissions qu'après s'être assuré que les exploitations ne nuisent ni à la salubrité publique ni aux propriétés d'autrui, il serait, d'un autre côté, contraire aux vues du Gouvernement de dégoûter par des tracasseries injustes les personnes qui auraient le projet de former des ateliers de la nature de ceux dont il est ici question. Leur industrie nous procure des produits, ou qui sont indispensables pour la consommation journalière, ou que nous serions obligés de tirer de l'étranger, s'ils ne les fabriquaient pas. Sous ces deux rapports, elle mérite donc toute la protection de l'administration. On a plusieurs fois exprimé le désir de voir déterminer d'une manière positive la distance où les établissemens doivent être des habitations particulières. Si cette détermination avait été possible, il n'est pas douteux qu'il n'eût fallu déférer à ce vœu ; mais quelque bonne volonté qu'ait eue l'administration à cet égard, elle n'a pu en remplir l'objet. Un établissement peut, en effet, quoique très rapproché des maisons, être placé de manière à n'incommoder personne, tandis qu'un autre qui en est assez éloigné, va, par sa situation, les couvrir de vapeurs qui en rendront le séjour désagréable. Un pareil état de choses s'oppose donc à ce qu'il soit établi des règles fixes, et l'on est dans la nécessité de laisser aux autorités locales le soin de déterminer les distances. Si l'on doit s'en rapporter à leur sagesse pour cet objet, j'aime à croire que, dans l'examen des demandes, elles se mettront au-dessus de toutes les petites passions, et que, mues uniquement par des motifs d'utilité publique, elles donneront des avis dictés par des considérations d'un ordre supérieur, tel que le besoin d'occuper la classe ouvrière, et de procurer à la localité un établissement dont l'exploitation doit augmenter ses richesses. Il ne tiendra pas à vous, M. le Préfet, que ces vues ne soient remplies : j'en ai pour garant votre zèle pour tout ce qui peut ajouter à la prospérité de notre industrie. Je désire qu'en donnant la plus grande publicité au décret, vous fassiez connaître, en même temps, à MM. les sous-préfets et les maires, les principes qui doivent les diriger. Les élémens de la lettre que vous leur écrirez peuvent être pris en partie dans celle que j'ai l'honneur de vous adresser : vous ajouterez d'autres détails, si vous les jugez utiles. Veuillez, en m'accusant la réception de ma dépêche, m'informer de ce que vous aurez fait sur son objet, et recevoir l'assurance de ma parfaite considération.

Signé MONTALIVET.

CIRCULAIRE

Du Directeur général de l'Agriculture, du Commerce, des Arts et des Manufactures, Conseiller d'État.

A MM. LES PRÉFETS DES DÉPARTEMENS.

Paris, le 4 mars 1815.

Monsieur le Préfet, le décret du 15 octobre 1810 a prescrit différentes mesures au sujet des établissemens qui répandent une odeur insalubre ou incommode : vous savez qu'il les divise en trois classes, et qu'on ne peut les former sans une permission de l'autorité administrative. La nomenclature annexée à ce décret ne les comprenant pas tous, il m'a paru nécessaire d'en faire dresser une plus complète. Sa Majesté a bien voulu, sur la proposition de S. Exc. le Ministre Secrétaire d'État de l'Intérieur, l'approuver le 14 janvier ; et dorénavant elle doit servir de règle aux autorités, toutes les fois qu'il leur sera adressé des demandes en formation d'établissemens de la nature de ceux dont il est ici question.

Je n'ai pas besoin, M. le Préfet, de vous rappeler que les dispositions du décret du 15 octobre sont de la plus haute importance ; elles présentent à la fois une garantie aux propriétaires et aux entrepreneurs d'établissemens insalubres et incommodes : aux propriétaires, en les assurant qu'il ne sera point formé dans leur voisinage, à leur insu, et sans des précautions, des ateliers dont l'activité peut, par des exhalaisons nuisibles ou désagréables, préjudicier à leurs propriétés; aux entrepreneurs, en leur donnant la certitude que lorsqu'ils auront obtenu une permission, ils ne seront plus troublés dans l'exercice de leur industrie. Sous ce double rapport, la législation actuelle est, pour les uns et les autres, un véritable bienfait, en ce qu'elle prévient les difficultés qui s'élevaient souvent entre eux : auparavant, les fabriques de produits chimiques n'avaient qu'une existence, à certains égards, précaire. Des dispositions positives n'étant pas établies, la clôture de manufactures dont la formation avait entraîné des dépenses considérables était quelquefois ordonnée; de là, la ruine de l'entrepreneur, et par suite celle d'une industrie dont l'exploitation nous procurait des marchandises qu'il fallait souvent tirer de l'étranger.

L'ordonnance du 14 janvier renferme, M. le Préfet, deux dispositions nouvelles d'un grand intérêt. La première met en harmonie les art. 2 et 8 du décret du 15 octobre, qui ne s'expliquait pas positivement sur l'autorité qui doit délivrer les permissions nécessaires pour la mise en activité des établissemens portés dans la troisième classe. Elle donne cette attribution aux sous-préfets, qui ne peuvent l'exercer qu'après avoir préalablement pris l'avis des maires. Par l'autre, les préfets sont autorisés à faire suspendre la formation ou l'exploitation de certains établissemens que l'on pourrait créer, bien qu'ils ne soient compris dans aucune des classes de la nouvelle nomenclature. Ce qui a fait penser que cette disposition serait utile, c'est, d'une part, la nécessité d'empêcher la continuation de travaux dont le résultat nuirait à la salubrité publique, ou aux intérêts des propriétaires du voisinage ; et de l'autre, celle de ne pas retarder la formation de fabriques dont l'activité peut ne présenter aucun inconvénient. S'il survenait, M. le Préfet, dans votre département, des affaires qui fussent de la nature de celles dont il est question, je vous serai obligé de m'en informer, afin que j'examine ce qu'il sera convenable de prescrire.

Le décret du 15 octobre, en déterminant les formalités à remplir pour la mise en activité des établissemens compris dans la première classe, n'a point parlé de la durée des affiches qui doivent être apposées dans un rayon de cinq kilomètres. Une décision de S. Exc. le Ministre de l'Intérieur a réparé cette omission, en la fixant à un mois. Depuis, il a été réglé qu'indépendamment des affiches, de la visite des lieux par un architecte, et d'un rapport fait par des hommes chargés, dans la localité, de ce qui concerne la salubrité publique, il serait dressé un procès-verbal *de commodo et incommodo,* dans lequel tous les voisins de l'établissement projeté seraient entendus. Il importe beaucoup, M. le Préfet, de veiller à la stricte exécution de cette disposition ; elle a été prescrite pour prévenir les plaintes qu'au moment de la mise en activité des travaux pourraient adresser des particuliers, de n'avoir pas été avertis en temps utile, et de s'être trouvés de cette manière dans l'impuissance de présenter des réclamations. Que le projet de former l'établissement fasse naître ou non des oppositions, les certificats des maires des communes dans lesquelles il aura été apposé des affiches devront faire mention de cette circonstance ; s'il s'en élève, elles seront soumises au Conseil de Préfecture, afin qu'aux termes de l'art. 4 du décret du 15 octobre, il donne son avis sur leur objet. Vous voudrez bien ensuite m'adresser toutes les pièces de l'affaire, afin que je propose d'accorder, s'il y a lieu, la permission.

La marche à suivre ne sera pas entièrement la même lorsqu'il sera question des établissemens de deuxième et troisième classe. Vous savez que ce sont les préfets et les sous-préfets qui accordent, après qu'il a été rempli différentes formalités, les permissions pour la mise en activité de ces établissemens. Au lieu de m'adresser, ainsi que l'ont fait souvent plusieurs de MM. les Préfets, la délibération du Conseil de Préfecture sur les oppositions, vous la notifierez directement aux parties intéressées, afin que celle qui n'en sera pas satisfaite puisse, si elle le juge convenable, se pourvoir au Comité du Contentieux du Conseil d'Etat. Vous ne suspendrez cette notification que dans le cas où vous ne partageriez pas l'opinion du Conseil de Préfecture ; alors toutes les pièces de l'affaire me seront transmises avec vos observations, afin que j'examine s'il y a lieu de provoquer une décision contraire à celle qu'il aura prise.

Le même décret du 15 octobre indique les formalités à remplir, lorsqu'en cas de graves inconvéniens pour la salubrité publique, la culture ou quelque autre motif d'intérêt général, on sollicite le déplacement d'un atelier de première classe. Ce déplacement ne peut avoir lieu qu'en vertu d'une ordonnance de Sa Majesté, rendue sur le vu du rapport de la police locale, de l'avis du Conseil de Préfecture, et des moyens de défense des manufacturiers. Par ma lettre du 15 juin dernier, je vous ai prié de m'envoyer tous les six mois l'état des établissemens de deuxième et troisième classe, dont la formation aura été autorisée dans votre département. J'ai l'honneur de vous renouveler cette demande. Je tiens d'autant plus à avoir l'état dont il s'agit, qu'indépendamment des renseignemens que j'y trouverai, il me procurera encore la certitude que les autorités locales surveillent l'exécution de mesures qui n'ont pas moins pour objet la salubrité publique, que l'intérêt des fabricans et des propriétaires.

Le décret du 15 octobre, l'ordonnance du 14 janvier et la nouvelle nomenclature qui s'y trouve jointe, ne sauraient, M. le Préfet, recevoir une trop grande publicité. Les uns et les autres de ces actes intéressent l'universalité des communes du royaume, puisque dans toutes il existe ou qu'il peut se former des établissemens insalubres ou incommodes. Dans leur exécution, il se présentera souvent des cas où la sagesse de l'autorité locale préviendra les difficultés que pourrait faire naître la malveillance ou la rivalité. S'il est juste d'empêcher qu'on ne place auprès des habitations des ateliers dont l'activité peut causer des préjudices aux propriétaires, il ne convient pas moins de protéger les hommes utiles qui les forment. Leur industrie nous procure des produits souvent indispensables pour la consommation journalière, et sous ce point de vue, ils méritent un intérêt particulier. Il a été demandé plusieurs fois qu'on déterminât, d'une manière positive, la distance où les établissemens insalubres ou incommodes doivent être des habitations. S'il avait été possible de le faire, l'administration se serait empressée de déférer à ce vœu. Des motifs de plusieurs sortes ont rendu inutile sa bonne volonté à cet égard. Un établissement peut, quoique très rapproché des maisons, être placé de manière à n'incommoder personne ; tandis qu'un autre, qui en est éloigné, les couvrira de vapeurs qui en rendront le séjour fort désagréable : sa situation sur une hauteur peut amener ce résultat. Il n'est donc pas possible de fixer les distances : on a dû laisser ce soin à la sagesse des autorités locales. Dans l'examen des demandes de permissions, elles se mettront sans doute au-dessus des petites passions ;

et, mues uniquement par des motifs d'utilité publique, elles donneront des avis dictés par des considérations d'un ordre élevé ; j'en ai pour garant la prudence et le discernement qu'une foule d'entre elles ont montrés dans plusieurs circonstances. Vous jugerez sans doute convenable, M. le Préfet, en adressant aux sous-préfets et aux maires des principales communes de votre département, le décret du 15 octobre, l'ordonnance du 14 janvier et la nouvelle nomenclature, d'entrer dans quelques détails sur les principes qui doivent les diriger. Je me repose sur votre zèle du soin de les éclairer, bien persuadé de votre empressement à seconder mes vues.

Recevez, M. le Préfet, l'assurance de ma haute considération.

INSTRUCTION

Sur les précautions exigées dans l'établissement de la manutention des usines d'éclairage par le gaz hydrogène , pour être annexée à l'ordonnance royale du 20 août 1824.

§ I. Condition à imposer pour tout ce qui a rapport à la première production du gaz.

1°. Les ateliers de distillation seront séparés des autres ; ils seront couverts en matériaux incombustibles.

2°. Les fabricans seront tenus d'élever jusqu'à trente-deux mètres les cheminées de leurs fourneaux ; la disposition de ces fourneaux sera aussi fumivore que possible.

3°. Il sera établi au-dessus de chaque système de fourneau un tuyau d'appel horizontal, communiquant, d'une part, à la grande cheminée de l'usine ; et d'autre part, venant s'ouvrir au-dessus de chaque cornue, au moyen d'une hotte de forme et de grandeur convenables, de sorte que la fumée, sortant de la cornue lorsqu'on l'ouvre, puisse se rendre par la hotte et le tuyau d'appel horizontal dans la grande cheminée de l'usine.

4°. Les cornues seront inclinées en arrière, de manière que le goudron liquide ne puisse se répandre sur le devant au moment du défournement.

5°. Le coke embrasé sera reçu, au sortir des cornues, dans des étouffoirs placés le plus près possible des fourneaux.

§ II. Conditions à imposer pour que la condensation des produits volatils et l'épuration du gaz ne nuisent pas aux voisins.

1°. Il sera pratiqué, soit dans les murs latéraux, soit dans la toiture des ateliers de condensation et d'épuration, des ouvertures suffisantes pour y entretenir une ventilation continue, et qui soit indépendante de la volonté des ouvriers qui y sont employés. Dans la visite des appareils, on ne devra faire usage que de lampes de sûreté.

2°. Les produits de la condensation et de l'épuration seront immédiatement transportés à la voirie, dans des tonneaux bien fermés ; ou mieux encore, ils seront vidés, soit dans les cendriers des fourneaux, soit sur le charbon de terre qui se brûle dans les foyers.

§ III. Conditions à imposer pour éviter tout danger dans le service du gazomètre.

1°. Les cuves dans lesquelles plongent les gazomètres seront toujours pratiquées dans le sol et construites en maçonnerie. Il sera placé à chaque citerne un tuyau de trop-plein, afin d'empêcher que, dans aucun cas, l'eau ne s'élève au-dessus du niveau convenable.

2°. Chaque gazomètre sera muni d'un guide ou axe vertical ; il sera suspendu au moyen de deux chaînes en fer, dont chacune aura été reconnue capable de supporter un poids au moins égal à celui du gazomètre.

3°. Il sera adapté à chaque gazomètre un tube de trop-plein, destiné à l'écoulement du gaz qui pourrait y être conduit par excès.

4°. Les bâtimens dans lesquels seront établis les gazomètres seront entièrement isolés, soit des autres parties de l'établissement, soit des habitations voisines. Il y sera pratiqué des ouvertures en tous sens, et en assez grand nombre pour y entretenir une ventilation continue. Ils seront toujours surmontés d'un paratonnerre, et l'on ne devra y faire usage que de lampes de sûreté. Ces bâtimens seront en outre fermés à clef, et la garde de cette clef ne pourra être confiée qu'à un contre-maître habile et d'une fidélité éprouvée, et dans le cas seulement où le chef de l'établissement serait dans l'obligation de s'en dessaisir momentanément.

§ IV. Conditions à imposer aux fabricans qui compriment le gaz dans des vases portatifs.

1°. Ces vases ne pourront être que de cuivre rouge, de tôle, ou de tout autre métal très ductile qui se déchire plutôt qu'il ne se brise sous une pression trop forte.

2°. Ils seront essayés à une pression double de celle qu'ils doivent supporter dans le travail journalier (1).

---

(1) Voir plus loin l'ordonnance de police du 20 décembre 1824, sur les établissemens d'éclairage par le gaz.

PREMIÈRE INSTRUCTION

Sur les mesures de précautions habituelles à observer dans l'emploi des machines à vapeur à haute pression.

L'emploi des machines à vapeur à haute pression exige des précautions de tous les instans de la part des ouvriers chauffeurs auxquels leur service est confié, et une surveillance constante de la part des propriétaires de ces machines. En négligeant les précautions nécessaires, les ouvriers peuvent occasioner des accidens funestes, dont ils seraient les premières victimes. En se relâchant de la surveillance qui est indispensable, les propriétaires deviendraient la cause indirecte de ces accidens ; ils s'exposeraient d'ailleurs à des pertes considérables, telles que celles qui résulteraient de la destruction des machines, de la dégradation des ateliers et de la cessation des travaux.

Il est du devoir de tout propriétaire de ne confier la conduite de sa machine qu'à un ouvrier dont l'intelligence et la capacité soient bien reconnues, et qui soit non-seulement attentif, actif, propre et sobre, mais encore exempt de tout défaut qui pourrait nuire à la régularité du service : rien ne doit déranger cette régularité, rien ne doit troubler ou détourner l'attention de l'ouvrier pendant le travail ; autrement il ne peut y avoir de sécurité dans l'établissement.

L'attention de l'ouvrier chauffeur et la surveillance

du propriétaire doivent porter principalement sur les parties suivantes de la machine, savoir : le foyer, la chaudière et les tubes bouilleurs, la pompe alimentaire et le niveau de l'eau dans la chaudière, les soupapes de sûreté, le manomètre. Il y a aussi quelques précautions à prendre relativement à l'enceinte extérieure.

Du foyer.

Le principe d'après lequel on doit diriger le chauffage, est d'éviter une augmentation de chaleur trop brusque ou un refroidissement trop rapide. Dans l'un et l'autre cas, les tubes bouilleurs éprouvent partiellement des inégalités de température plus ou moins considérables, et qui, à raison de la variété des dilatations produites, peuvent occasioner des fêlures et des pertes.

Ainsi donc la mise au feu ne doit pas être poussée avec trop de vivacité lorsque le foyer a été tout-à-fait refroidi. On ne gagnerait du temps qu'en compromettant la conservation des tubes bouilleurs.

Lorsque le feu est arrivé au point d'activité nécessaire pour le jeu de la machine, on doit le conduire avec égalité, et, à cet effet, tiser à propos, et ne jeter que les quantités de combustible déterminées par l'expérience. Il faut éviter de laisser tomber le feu pendant le travail, et lorsque cela est arrivé, il n'est point convenable de projeter à la fois une trop grande quantité de combustible dans le foyer ; car cette pré-

cipitation, qui aurait d'abord l'inconvénient de le re-
froidir momentanément, occasionerait ensuite un développement de chaleur excessif et dangereux.

Il est à propos d'exécuter dans le moindre temps
possible les opérations du tisage et du rechargement
de combustible, afin d'abréger l'action destructive que
l'air froid peut exercer sur les tubes bouilleurs, en s'introduisant avec rapidité par l'ouverture de la porte du
foyer.

On est dispensé de la plupart de ces précautions,
lorsque le foyer est muni d'un distributeur mécanique
versant la houille au feu, et à mesure qu'elle est nécessaire; mais alors l'ouvrier doit veiller à ce que ce
distributeur ne manque pas d'aliment, et à ce que le
versement soit uniforme et continu.

L'extinction du feu, lorsqu'elle n'est point conduite
avec soin, est une des causes les plus ordinaires des
accidens qui arrivent aux tubes bouilleurs. Le meilleur
mode est de laisser le foyer chargé du résidu de la
combustion, de fermer le registre de la cheminée ainsi
que la porte du cendrier, et de luter avec un peu de
terre grasse les joints de cette porte et ceux de la porte
du foyer. En procédant ainsi, on évite, non-seulement
que l'air ne refroidisse trop brusquement les tubes,
mais encore qu'il ne contribue à oxider trop prompte-
ment leur surface extérieure. On profite, de plus,
d'une partie du résidu de la combustion; car ce résidu
finît par s'éteindre, à raison du défaut d'air, et l'on
peut ensuite le retirer sans inconvénient.

Des tubes bouilleurs et de la chaudière.

Quelque pure que paraisse l'eau qu'on emploie, elle dépose toujours un sédiment terreux qu'il importe de ne pas laisser accumuler. En effet, ce sédiment se durcirait et s'épaissirait en peu de temps ; il augmenterait la difficulté de faire pénétrer dans les tubes bouilleurs et dans la chaudière la chaleur qui est nécessaire pour produire la vapeur avec le degré de tension convenable ; il faudrait faire un plus grand feu : il en résulterait, par conséquent, plus de dépense de combustible et plus de chances d'altération ou de rupture.

L'expérience a démontré qu'en introduisant dans les tubes bouilleurs et dans la chaudière une certaine quantité de pommes de terre, la substance de ces pommes de terre se mêle avec les sédimens terreux, sous forme de bouillie, et en prévient l'endurcissement ; mais à mesure que les sédimens augmentent, cette bouillie nuit à la production de la vapeur, soit par sa viscosité, soit par l'espace qu'elle occupe. Il vient un terme où l'enlèvement des dépôts devient indispensable ; ce terme arrive plus ou moins fréquemment, suivant la nature des eaux. C'est au propriétaire de chaque machine à chercher, par l'expérience, le période de temps le plus convenable pour le nettoyage, comme aussi de trouver le *minimum* de la quantité de pommes de terre qui doit être employée. Ces recherches ne tiennent pas seulement aux soins de la sûreté, mais encore à des considérations d'économie relativement à la facile production de la vapeur.

Lorsque, malgré toutes les précautions, un tube bouilleur vient à se fendre, l'ouvrier doit en avertir le propriétaire, et celui-ci ne doit pas hésiter à faire procéder au remplacement : le rhabillage du tube ne ferait que masquer l'inconvénient, et le danger d'une rupture pourrait s'accroître en très peu de temps.

Le propriétaire et l'ouvrier doivent observer avec attention les progrès de la détérioration superficielle que les tubes bouilleurs éprouvent à la longue, ceux surtout qui sont fabriqués en tôle. Ils ne doivent pas attendre la visite de l'ingénieur pour provoquer de nouvelles épreuves de ces tubes, lorsque leur amincissement peut donner des doutes sur leur solidité.

Il en est de même des chaudières; mais, comme les moyens d'observation sont moins multipliés, l'ouvrier et le propriétaire doivent saisir toutes les occasions de constater l'état des choses, soit lorsqu'il faut changer un ou plusieurs tubes bouilleurs, soit lorsqu'il y a des réparations à faire au foyer ou à la chemise de la chaudière, soit enfin toutes les fois qu'il est nécessaire de vider la chaudière pour la nettoyer; mais en outre, aucune des indications que les moindres suintemens peuvent donner ne doit être négligée.

Lorsqu'on s'aperçoit d'une fuite à la jointure du plateau qui ferme un tube bouilleur, ou à celui qui recouvre l'entrée de la chaudière, on ne doit point essayer d'y pourvoir pendant le travail, en serrant les écrous : on courrait le risque d'occasioner la rupture de ces plateaux, surtout lorsque le mastic qui garnit les bordures a eu le temps de s'endurcir. En cas de rupture, l'ouvrier serait tué par les éclats ou brûlé par l'eau et la vapeur. Ces sortes de fuites ne doivent être réparées que lorsque le travail a cessé.

Lorsque les tubes bouilleurs et la chaudière sont à nettoyer, les propriétaires ne doivent pas exiger que les ouvriers entreprennent de vider l'eau avant que sa température ne soit suffisamment abaissée, surtout pour les machines dans lesquelles les plateaux des tubes bouilleurs ne sont point garnis de robinets.

De la pompe alimentaire et du niveau de l'eau dans la chaudière.

' Il est de la plus grande importance que l'eau de la chaudière soit maintenue au niveau qui est indiqué par la position horizontale du levier mû par le flotteur. Il ne faut pas que l'ouvrier s'en rapporte à la simple inspection du levier pour connaître la hauteur de l'eau dans la chaudière : il doit s'assurer très souvent que les mouvemens du flotteur sont parfaitement libres. Il doit veiller surtout à ce que la garniture qui empêche la vapeur de s'échapper le long de la tige du flotteur ne serre pas trop cette tige ; car, si cela arrivait, les indications données par le flotteur cesseraient d'être exactes.

Ces dernières précautions sont également nécessaires

pour les machines dans lesquelles les mouvemens d'a-
baissement du flotteur font ouvrir le tuyau nourricier,
et portent ainsi le remède convenable à la diminution
de l'eau dans la chaudière.

La surveillance de la pompe alimentaire n'est pas
moins indispensable. Si, par suite de négligence, la
hauteur de l'eau avait très notablement diminué dans
la chaudière, il faudrait, aussitôt qu'on s'en apercevrait,
rétablir ou augmenter peu à peu le jet nourricier; car
autrement on s'exposerait à des accidens. En effet,
l'eau, en s'élevant rapidement contre les parois de la
chaudière, que la chaleur aurait rougies, fournirait
instantanément une trop grande quantité de vapeur,
et il serait impossible que l'accroissement de pression
qui en résulterait fût supérieur à la pression que la
chaudière pourrait supporter. Le danger de l'explosion serait imminent, si, dans une telle circonstance,
les soupapes de sûreté n'étaient point en état de jouer
librement, ou si, par suite d'une pratique imprudente
ou coupable, elles se trouvaient surchargées de poids.

En général, le moindre inconvénient que le manque
d'eau dans les chaudières puisse produire, c'est d'y
occasioner des ruptures très préjudiciables, quand
bien même il n'y aurait pas d'explosion.

Des soupapes de sûreté.

Dans les machines dont les soupapes de sûreté sont
à la disposition de l'ouvrier chauffeur, il est utile que
cet ouvrier s'applique à en étudier le jeu, et à bien

connaître le degré d'adhérence qu'elles contractent ordinairement avec le collet sur lequel elles pressent, surtout lorsqu'elles ont été rodées récemment. Il faudrait avoir égard à cette adhérence , lors même que la soupape serait construite de telle manière, que le plan du contact serait réduit à une zone circulaire très étroite. Le chauffeur doit s'assurer très fréquemment que les soupapes jouissent de toute la liberté du mouvement dont elles ont besoin pour remplir leur destination. A cet effet, il est bon qu'il soulève de temps en temps l'extrémité de la branche du levier qui supporte le poids servant de charge habituelle, afin de s'assurer que la soupape n'a pas contracté une trop forte adhérence.

Lorsque les soupapes d'une machine ne jouent pas librement , et lorsqu'en même temps on vient à leur donner le *maximum* de charge habituelle , elles ne peuvent remplir leur objet qu'imparfaitement ; elles retiennent la vapeur alors qu'elles devraient lui donner issue ; la vapeur s'accumule et se comprime, et pourrait, suivant les circonstances, acquérir une force de tension qui surpasserait la résistance que la chaudière est capable d'opposer , et qui la ferait éclater.

Ce funeste effet pourrait encore être produit, si, dans l'intention de donner plus d'activité à la machine, on avait ajouté des poids à ceux qui composent le *maximum* de la charge habituelle des soupapes. De telles surcharges sont extrêmement dangereuses ; l'ignorance du danger pourrait seule excuser les pro-

priétaires de les ordonner, et l'ouvrier chauffeur de
s'y prêter. Il faut que les ouvriers sachent bien que
l'un des principaux effets d'une explosion serait d'é-
pancher une immense quantité de vapeur brûlan te,
qui leur causerait une mort cruelle.

De tels dangers seront beaucoup moins à craindre
dans les machines qui seront établies en vertu de l'ordonnance royale du 29 octobre 1823; mais les soupapes n'en devront pas moins être surveillées et en-
tretenues dans un état de liberté parfaite. En effet,
pour peu que leur jeu devînt moins facile, il arriverait
qu'à la moindre augmentation dans l'activité du feu,
la vapeur, au lieu de s'échapper, acquerrait plus de
chaleur et de tension, et il y aurait un terme où elle
fondrait et romprait les rondelles de métal fusible qui
devront être appliquées à chaque chaudière; le travail
de l'atelier serait interrompu, et le propriétaire en-
courrait les inconvéniens des retards résultant de la
pose de nouvelles rondelles. Le propriétaire est particulièrement intéressé à visiter journellement la soupape qui sera renfermée sous le grillage en fer, dont
la clef devra rester à sa disposition.

En général, les soupapes ont besoin d'être rodées
très fréquemment : autrement, elles finissent par laisser
perdre de la vapeur. Ce soin d'entretien n'admet pas
de négligence ; car l'ouvrier ne pourrait y suppléer
qu'en augmentant la charge habituelle : or, les propriétaires ne sauraient proscrire les surcharges avec
trop de rigueur.

Lorsqu'on veut cesser tout-à-fait le feu, ou lorsqu'on le couvre seulement pour en retrouver le lendemain, il ne faut pas quitter l'atelier sans s'être assuré que les soupapes, convenablement déchargées, peuvent donner librement issue à la vapeur qui continue à se produire.

Du manomètre.

Le manomètre, à raison de sa communication avec l'intérieur de la chaudière, indique, à chaque instant, la marche plus ou moins rapide de la production de la vapeur, et le degré de la force de pression qui en résulte. Cette indication est donnée par le mouvement de la colonne de mercure renfermée dans le tube de verre; elle se mesure au moyen de l'échelle qui est placée le long du tube.

Cet instrument est d'une grande utilité lorsqu'il a été construit avec soin et gradué avec exactitude. Comme il est fragile, les propriétaires de machines doivent prendre les mesures nécessaires pour le préserver de tout accident, et le faire couvrir d'un grillage en fil de fer ou en fil de laiton.

Le propriétaire doit aussi donner ses soins pour que l'ouvrier comprenne la destination et les avantages de l'instrument, et sache à propos tirer parti de ses indications.

Enfin, il est du devoir de l'ouvrier de consulter très fréquemment le manomètre, et de le prendre constamment pour guide dans la conduite du feu, quelle que soit d'ailleurs la charge, ou, en d'autres termes, la pression avec laquelle la machine travaille, suivant les besoins de l'atelier.

De l'enceinte de la machine.

En supposant qu'une explosion pût arriver, c'est un moyen de la rendre moins dommageable que de tenir le local de la machine complètement isolé, et de ne placer les matériaux qu'on serait forcé d'emmagasiner dans son voisinage, qu'à la distance de plusieurs mètres. Le propriétaire se mettrait en contravention avec l'art. 6 de l'ordonnance royale du 29 octobre 1823, s'il venait à remplir avec des matériaux résistans l'espace qu'il faut laisser du côté des habitations, entre les murs mitoyens et le mur de défense qui doit enceindre le local de la machine. Ce mur de défense ne peut remplir l'objet que l'ordonnance royale a eu en vue, qu'autant qu'il confine au dehors avec un espace vide.

Enfin, il est indispensable que le local de la machine puisse être bien fermé, et qu'en l'absence du chauffeur personne ne puisse s'y introduire. On conçoit, par exemple, que si, par malveillance, on venait à surcharger les soupapes ou à les bander avec des cales, lorsque le feu a été arrêté ou couvert, l'accumulation de la vapeur pourrait occasioner un accident. Les précautions habituelles que ce cas particulier peut exiger sont tout aussi importantes que celles qui concernent les différens cas qui ont été précédemment exposés. La prévoyance des propriétaires des machines et la vigilance des ouvriers chauffeurs ne doivent être en défaut dans aucun temps, dans aucune circonstance (1).

SECONDE INSTRUCTION

Rédigée par l'Administration générale, et approuvée par S. Ex. le Ministre de l'Intérieur, relativement à l'exécution de l'Ordonnance royale du 29 octobre 1823, sur les machines à vapeur, et sur celles dans lesquelles la force élastique de la vapeur fait équilibre à plus de deux atmosphères, lors même qu'elles brûleraient complètement leur fumée.

Du 7 mai 1825.

L'ordonnance royale du 29 octobre 1823 a statué qu'à l'avenir aucune chaudière de machine à vapeur à haute pression ne pourrait être mise dans le commerce (et à plus forte raison employée), qu'autant qu'elle serait munie de deux soupapes et de deux rondelles de métal fusible, et qu'après avoir été

---

(1) Cette instruction, rédigée par l'administration des Ponts et Chaussées et des Mines, le 19 mars 1824, a été approuvée le même jour par S. E. le Ministre de l'Intérieur.

éprouvée à l'aide d'une presse hydraulique , et tim-
brée après l'épreuve.

Le fabricant de chaudières et de machines à haute
pression, qui aura des chaudières à faire vérifier,
éprouver et timbrer , adressera une demande au
préfet, qui la transmettra immédiatement à l'ingénieur des Mines , s'il réside dans le département ;
et, dans le cas contraire , à l'ingénieur des Ponts et
Chaussées, qui doit le suppléer. (Art. 7 de l'ordonn.)

Le préfet veillera à ce que les opérations se fassent
dans le plus court délai possible, afin qu'il n'en
puisse résulter aucun inconvénient pour les besoins
du commerce et de l'industrie.

L'ingénieur vérifiera d'abord si les dimensions des
deux soupapes sont telles , que le jeu de l'une d'elles
puisse suffire au dégagement de la vapeur, dans le
cas où la vapeur acquerrait une trop grande tension.

Il vérifiera de même si les orifices dans lesquels
les deux rondelles de métal fusible devront être en-
castrées ont les diamètres convenables, savoir :

Pour la première , un diamètre au moins égal à
celui de l'une des deux soupapes ;

Pour la seconde, un diamètre double.

Il reconnaîtra en même temps si la position de ces
orifices est telle, que les rondelles puissent remplir
leur destination.

L'épreuve de la chaudière n'aura lieu qu'après l'a-
justement des deux rondelles. Cet ajustement sera
précédé des opérations suivantes :

L'ingénieur déterminera, d'après la table ci-jointe, le degré de fusibilité du métal dont chaque rondelle devra être faite; il vérifiera ensuite si le métal dont on se propose de fabriquer chaque rondelle est doué de la fusibilité requise. Cette vérification pourra avoir lieu de deux manières :

1°. Si le métal a été préparé par le fabricant de chaudières ou de machines, l'ingénieur procédera à l'essai des deux espèces de lingots qui devront fournir la matière des rondelles, en employant le mécanisme dont le fabricant fait lui-même usage, mais après en avoir vérifié l'exactitude ;

2°. Si le fabricant de chaudières ou de machines veut employer du métal fusible acheté dans le commerce, l'ingénieur n'aura qu'à constater si les deux lingots portent le timbre légal annonçant le degré de leur fusibilité, c'est-à-dire si chacun d'eux est marqué du timbre qui a dû y être apposé par l'ingénieur des Mines commis pour faire ces sortes d'essais dans la manufacture même du métal fusible. Ce timbre sera le même que celui dont il est parlé dans le paragraphe ci-dessous.

L'ingénieur ayant acquis la certitude que les lingots sont composés, l'un de métal fondant à dix degrés centigrades au-dessus de la température que la vapeur aura habituellement dans la chaudière, et l'autre de métal fondant à vingt degrés centigrades au-dessus de la même température, fera couler en sa présence les deux rondelles, et il apposera à chacune

14

d'elles un timbre octogone, portant la légende *Ponts et Chaussées et Mines*, au milieu de l'empreinte duquel il fera immédiatement graver, sous ses yeux, le degré de fusibilité des rondelles.

Les rondelles seront ensuite ajustées à la chaudière.

Dans le cas où le fabricant de machines se serait procuré des rondelles toutes faites, et qui auraient déjà été essayées et timbrées dans le lieu de leur fabrication, l'ingénieur n'aura d'autre soin à prendre que de vérifier les timbres indiquant les températures, avant que les rondelles soient ajustées à la chaudière.

En général, dans la vérification du degré de fusibilité du métal fusible, il faudra que l'ingénieur fasse attention qu'il ne s'agit pas de constater le degré où le métal devient parfaitement fluide, mais celui auquel le métal se ramollit assez pour céder à la pression de la vapeur. Cette distinction est importante, car les plaques de métal fusible sont susceptibles de perdre leur ténacité un peu avant d'arriver à la température qui détermine leur fusion parfaite. Le timbre doit, par conséquent, exprimer, non pas le degré de fusion parfaite, mais celui qui ramollit le métal d'une quantité suffisante pour rendre la plaque susceptible de s'ouvrir par la pression qu'elle éprouve sous cette température.

La chaudière étant munie de ses tubes bouilleurs, de ses rondelles et de ses soupapes convenablement surchargées de poids, sera remplie d'eau, et on l'éprouvera à l'aide d'une presse hydraulique ou pompe de pression, qui sera fournie par le fabricant, avec la main-d'œuvre nécessaire à son emploi.

La pression exercée devra être cinq fois plus forte que celle que la chaudière est destinée à supporter dans l'exercice habituel de la machine dont elle fera partie, c'est-à-dire, par exemple, que si la chaudière est destinée à travailler à deux atmosphères, la pression d'épreuve sera portée à dix atmosphères.

Lorsque la chaudière aura résisté à cette épreuve, l'ingénieur y fera apposer, en sa présence, le timbre qui indiquera la pression à laquelle la machine devra habituellement travailler, exprimée en atmosphères.

Ce timbre consistera : 1° en une plaque de cuivre circulaire frappée à la Monnaie de Paris, portant en légende, *Ordonnance du 29 octobre 1823*, et sur laquelle le nombre d'atmosphères et de demi-atmosphères sera marqué; 2° en trois vis de même métal, destinées à assujettir la plaque sur le corps de la chaudière, au moyen de trous taraudés. Lorsque les vis auront été complètement enfoncées, l'ingénieur fera raser la tête de chaque vis à fleur de la plaque, de manière à faire disparaître la fente de cette tête. Il formera ensuite une empreinte sur la tête de chaque vis, à l'aide d'un poinçon à fleur de lis, ayant un diamètre plus grand que celui de cette tête.

La plaque et les vis en cuivre seront fournies par le fabricant.

Au moyen des dispositions qui précèdent, toutes

14..

les chaudières des machines à haute pression seront essayées au lieu même de leur fabrication; ce qui concentrera les épreuves dans un petit nombre de départemens.

S'il n'existe point de fabriques de chaudières dans le département, les opérations de l'ingénieur, à l'égard des chaudières qu'on y introduira pour le service, soit de machines à haute pression déjà permissionnées, soit de machines nouvelles et à permissionner, consisteront à vérifier les deux espèces de timbres que ces chaudières devront porter. Ces vérifications se feront aisément au moyen de *clichés.*

Un exemplaire de ces clichés est déposé aux archives de la Préfecture, un autre au bureau de l'ingénieur des Mines, ou, à son défaut, au bureau de l'ingénieur des Ponts et Chaussées.

TABLE (1)

Des forces élastiques de la vapeur d'eau à différentes températures.

ÉLASTICITÉ de la vapeur en prenant la pression de l'atmosphère pour unité.	HAUTEUR de la colonne de Mercure qui mesure l'élasticité de la vapeur.	TEMPÉRATURE correspondante sur le thermomètre centigrade.	PRESSION exercée par la vapeur sur un centimètre carré de la soupape.
Atmosphères.	Mètres.	Degrés.	Kilogrammes.
1	0,76	100	1,033
1 $\frac{1}{2}$	1,14	112,2	1,549
2	1,52	122	2,066
2 $\frac{1}{2}$	1,90	129	2,582
3	2,28	135	3,099
3 $\frac{1}{2}$	2,66	140,7	3,615
4	3,04	145,2	4,132
4 $\frac{1}{2}$	3,42	150	4,648
5	3,80	154	5,165
5 $\frac{1}{2}$	4,18	158	5,681
6	4,56	161,5	6,198
6 $\frac{1}{2}$	4,94	164,7	6,714
7	5,32	168	7,231
7 $\frac{1}{2}$	5,70	170,7	7,747
8	6,08	173	8,264

(1) Cette table a été dressée par l'Académie royale des Sciences.

ORDONNANCES

EXÉCUTOIRES

DANS LE RESSORT DE LA PRÉFECTURE DE POLICE
DE PARIS.

ORDONNANCE

*Concernant les manufactures et ateliers qui ré-
pandent une odeur insalubre ou incommode,*

Approuvée par S. Exc. le Ministre de l'Intérieur, le 17 novembre 1810.

Paris, le 5 novembre 1810.

Nous, Étienne-Denis Pasquier, chevalier de la Légion-d'Honneur, baron de l'empire, Conseiller d'État,
chargé du quatrième arrondissement de la police générale, Préfet de Police du département de la Seine, et
des communes de Saint-Cloud, Sèvres et Meudon, du
département de Seine-et-Oise, etc. ;

Vu les articles 2 et 23 de l'arrêté du Gouvernement
du 12 messidor an VIII, et l'article 1er de celui du 3
brumaire an IX ;

Ordonnons ce qui suit :

Art. 1er Le décret impérial du 15 octobre 1810,
*relatif aux manufactures et ateliers qui répandent
une odeur insalubre ou incommode,* ensemble le tableau y annexé, seront imprimés, publiés et affichés,

avec la présente ordonnance, dans le ressort de la Préfecture de Police.

2. Les demandes en autorisation pour former des manufactures ou ateliers compris dans la première classe du tableau annexé au décret précité nous seront adressées, pour être par nous procédé conformément aux articles 3, 4, 5, 6 et 9 du décret.

3. Les demandes en autorisation pour former des manufactures ou ateliers compris dans la deuxième classe, seront adressées, savoir :

1°. Pour Paris, au Préfet de Police ;

2°. Pour les communes rurales du département de la Seine, aux sous-préfets de Saint-Denis et de Sceaux ;

3°. Et pour les communes de Saint-Cloud, Sèvres et Meudon, aux maires de ces communes.

Il sera par nous statué sur ces demandes, conformément à l'article 7 du décret.

4. Les demandes en autorisation pour former des manufactures ou ateliers compris en la troisième classe nous seront adressées, pour être par nous statué conformément à l'article 8 du décret.

5. Les propriétaires ou entrepreneurs énonceront dans leurs demandes la nature des matières qu'ils se proposent de préparer dans leurs manufactures ou ateliers, et des travaux qui devront être exécutés ; ils déposeront en même temps un plan figuré des lieux et des constructions projetées.

6. Indépendamment des formalités prescrites par

le décret, il sera procédé, par le Conseil de Salubrité
établi près la Préfecture de Police, assisté de l'architecte commissaire de la petite voirie, à la visite des
lieux, à l'effet de s'assurer si l'établissement projeté
ne peut nuire à la salubrité, ni faire craindre un incendie.

7. Les propriétaires d'une manufacture ou d'un atelier aujourd'hui en activité dans le ressort de la
Préfecture de Police, seront tenus d'en faire la déclaration avant le premier janvier prochain ; savoir :

1°. Dans Paris, à la Préfecture de Police ;

2°. Dans les communes rurales du département
de la Seine, aux sous-préfets de Saint-Denis et de
Sceaux ;

3°. Dans les communes de Saint-Cloud, Sèvres et
Meudon, aux maires de ces communes.

8. Les sous-préfets des arrondissemens de Saint-
Denis et de Sceaux, et les maires des communes de
Saint-Cloud, Sèvres et Meudon, enverront à la Préfecture de Police l'état des déclarations qu'ils auront
reçues.

9. La présente ordonnance sera soumise à l'approbation de S. Exc. le Ministre de l'Intérieur.

10. Les sous-préfets des arrondissemens de Saint-
Denis et de Sceaux, les maires des communes rurales
du ressort de la Préfecture de Police, les commissaires
de Police, l'inspecteur général du quatrième arrondissement de la police générale de l'empire, les officiers de paix, l'architecte commissaire de la petite

voirie, les commissaires des halles et marchés, l'inspecteur général de la salubrité, et les autres préposés
de la Préfecture de Police, sont chargés de tenir la
main à son exécution.

Le Conseiller d'État, Préfet, baron de l'empire,
Signé PASQUIER.

Par le Conseiller d'État, Préfet.

Le secrétaire général, chevalier de l'empire,
Signé PIIS.

ORDONNANCE DE POLICE

*Concernant les manufactures, établissemens et
ateliers qui répandent une odeur insalubre ou
incommode.*

Paris, le 20 février 1815.

Nous, Directeur général de la Police du royaume ;

Vu les art. 2 et 23 de l'arrêté du Gouvernement du
12 messidor an VIII, et l'art. 1er de celui du 3 brumaire an IX,

Le décret du 15 octobre 1810, *relatif aux manufactures et ateliers qui répandent une odeur insalubre
ou incommode,*

Et l'ordonnance de police du 5 novembre suivant,
approuvée par S. Exc. le Ministre de l'Intérieur le
17 du même mois,

Ordonnons ce qui suit :

Art. 1ᵉʳ. L'ordonnance du Roi du 14 janvier dernier, *contenant règlement sur les manufactures, établissemens et ateliers qui répandent une odeur insalubre ou incommode*, ensemble le tableau y annexé, seront imprimés et affichés avec la présente ordonnance, dans le ressort de la police de Paris.

2. L'ordonnance de police du 5 novembre 1810 continuera de recevoir son exécution, en ce qui n'est pas contraire aux dispositions de l'ordonnance du Roi.

3. Les sous-préfets des arrondissemens de Saint-Denis et de Sceaux, les maires des communes rurales du ressort de la police de Paris, les commissaires de police, l'inspecteur général de la police de Paris, les officiers de paix, l'architecte commissaire de la petite voirie, l'inspecteur général des boissons, le commissaire-inspecteur-général des halles et marchés, et l'inspecteur général de la salubrité, sont chargés de tenir la main à l'exécution de la présente ordonnance.

Le Directeur général de la Police du royaume,

Signé D'André.

Par Son Excellence.

Le secrétaire général, signé Fortis.

ORDONNANCE

Concernant les boyaudiers et les fabricans de cordes à instrumens.

Paris, ce 14 avril 1819.

Nous, Ministre d'État, Préfet de Police,

Vu le décret du 15 octobre 1810, et l'ordonnance du Roi du 14 janvier 1815, contenant règlement sur les manufactures, établissemens et ateliers qui répandent une odeur insalubre ou incommode ;

L'avis du Conseil de Salubrité,

Et la lettre de S. Exc. le Ministre secrétaire d'État au département de l'Intérieur, du 11 mars 1819 ;

Considérant que la situation et la disposition des ateliers de la plupart des boyaudiers et fabricans de cordes à instrumens, établis dans le ressort de la Préfecture de Police, présentent des inconvéniens sous le rapport du renouvellement de l'air et de l'écoulement des eaux ; que ces inconvéniens aggravent encore ceux qui résultent, pour la salubrité publique, de la défectuosité des procédés employés par les fabricans, pour la préparation des intestins, et qu'en attendant qu'il soit possible de prescrire l'emploi des perfectionnemens dont l'art de la boyauderie serait reconnu susceptible, il importe d'obliger les fabricans à prendre les précautions et les mesures propres à diminuer les inconvéniens signalés ;

En vertu des arrêtés du Gouvernement du 12 messidor an VIII (1er juillet 1800), et du 2 brumaire
an IX (25 octobre 1800),

Ordonnons ce qui suit :

Art. 1er. Les demandes en autorisation pour former des établissemens compris dans l'une des trois
classes de la nomenclature annexée à l'ordonnance du
Roi du 14 janvier 1815, continueront de nous être
adressées.

2. Les emplacemens qui seront indiqués, dans les
demandes , pour établir des boyauderies ou des fabriques de cordes à instrumens , devront être isolés de
cent mètres au moins de toute habitation (autre
qu'un établissement aussi incommode), et placés ,
autant que possible, sur le bord d'une rivière ou
d'un ru.

A défaut de cours d'eau , il y sera suppléé par un
puits en état de fournir abondamment de l'eau.

Il sera joint à la demande, en autorisation, un plan
figuré des lieux et des constructions projetées.

3. En exécution de l'art. 1er du décret du 15 octobre 1810 , aucune boyauderie et fabrique de cordes
à instrumens, ainsi que tout autre établissement répandant une odeur insalubre ou incommode , ne
peut être mis en activité qu'en vertu d'une autorisation délivrée dans les formes prescrites tant par le
décret que par l'ordonnance royale précités.

4. Tout boyaudier ou fabricant de cordes à instrumens , dont l'établissement est en ce moment lé-

galement formé , sera tenu , si déjà son établissement n'en est pourvu , d'y établir sans délai un puits qui puisse fournir, en toute saison, la quantité d'eau nécessaire à son établissement.

5. Il est expressément défendu d'établir aucun puisard pour recevoir les eaux de lavage et de macération.

Les puisards existans seront comblés et supprimés dans le plus court délai.

6. Il est également défendu aux boyaudiers et fabricans de cordes à instrumens de faire écouler leurs eaux de lavage et de macération sur la voie publique, ni sur quelque portion de terrain que ce soit. En conséquence il leur est enjoint de recevoir ces eaux dans un tonneau sur voiture , pour être versées le soir , soit à la voirie, soit dans un égout ou dans une rivière voisine.

Sont exceptés de ces dispositions et de celles de l'art. 4 , les boyaudiers et les fabricans de cordes à instrumens dont les ateliers sont situés au bord d'une rivière ou d'un ruisseau naturel , pourvu toutefois que l'écoulement des eaux puisse y avoir lieu immédiatement, soit par des conduits souterrains , soit par des canniveaux dallés et bien cimentés , et qui puissent être constamment tenus en bon état de propreté.

7. Les tonneaux destinés à la macération des intestins seront placés sous un hangar ou dans un atelier qui sera dallé, et, s'il est possible, ouvert à tous les vents.

Les fabricans dont les ateliers ne seraient pas ainsi disposés seront tenus d'y pourvoir sans retard.

8. Les contraventions à la présente ordonnance seront constatées par des procès-verbaux ou des rapports, qui nous seront transmis.

Il sera pris envers les contrevenans, dans l'intérêt de la salubrité publique, telles mesures de police administrative qu'il appartiendra, sans préjudice des poursuites à exercer devant les tribunaux conformément aux lois.

9. La présente ordonnance sera imprimée et affichée.

Les sous-préfets des arrondissemens de Saint-Denis et de Sceaux, les maires des communes rurales du ressort de la Préfecture de Police, les commissaires de police à Paris, les officiers de paix, l'architecte commissaire de la petite voirie, l'inspecteur général de la salubrité, et tous les préposés de la Préfecture de Police, sont chargés d'en surveiller et assurer l'exécution.

Le Ministre d'État, Préfet de Police,

Signé comte ANGLÈS.

Par Son Excellence,

Le secrétaire général, signé FORTIS.

ORDONNANCE

*Concernant la vente, le débit de la poudre et
des pièces d'artifice.*

Paris, le 3 février 1821.

Nous, Ministre d'Etat, Préfet de Police,

Considérant qu'en contravention aux lois, ordonnances et règlemens d'administration publique, des pétards, fusées et autres pièces d'artifice ont été lancés et tirés récemment sur plusieurs points de la voie publique ;

Considérant que dans les circonstances actuelles, et quand l'attentat le plus criminel a été commis jusque dans le palais des Tuileries, il importe de prendre toutes les mesures qu'autorisent les lois pour prévenir des crimes de ce genre, réprimer les désordres, et faciliter à l'autorité les moyens d'en découvrir les auteurs ;

Vu, 1° la loi du 13 fructidor an V (22 août 1797), le décret du 16 mars 1813, et l'ordonnance royale du 25 mai 1818 ;

Vu pareillement l'ordonnance du 15 novembre 1781 ;

La loi des 16 et 24 août 1790, tit. XI, art. 3, § 1 et 4, et art. 5 ;

La loi du 22 juillet 1791, tit. 1er, art. 45 ;

Enfin, l'arrêté du Gouvernement du 12 messidor an VIII ;

Ordonnons ce qui suit :

ART. 1ᵉʳ. Il ne peut être fabriqué, débité et conservé de poudre de guerre ou de chasse, fabriqué ni vendu de pièces d'artifices qu'en se conformant à la loi du 13 fructidor an **V**, et aux décrets et ordonnances des 15 octobre 1810, 16 mars 1813, 14 janvier 1815, et 25 mai 1818.

2. A compter du jour de la publication de la présente ordonnance, les débitans de poudre établis dans le ressort de la Préfecture de Police seront tenus d'inscrire, sur un registre à ce destiné, et qui sera coté et paraphé par le commissaire de police de leur quartier, les noms, prénoms, qualités et demeures, duement justifiés, de toute personne à laquelle ils vendront de la poudre et la quantité vendue à chacune, quelle que soit cette quantité.

3. Ce registre sera représenté à toute réquisition des commissaires, officiers et agens de police.

4. La vente et le débit de pièces quelconques d'artifice, même de la plus petite dimension, sont interdits aux épiciers, fruitiers, merciers, débitans de poudre, et à tous autres que les artificiers patentés et autorisés.

5. Les artificiers tiendront un registre semblable à celui dont la teneur est prescrite par l'art. 2, aux débitans de poudre.

6. Il est défendu à toutes personnes de tirer des armes à feu, pétards, fusées et autres pièces d'artifice quelconques, sur la voie publique, ou dans l'intérieur des habitations.

7. Toute personne qui voudra tirer ou faire tirer des pièces d'artifice dans des cours et jardins sera tenue de se pourvoir d'une autorisation du commissaire de police de son quartier, qui s'assurera préalablement qu'il ne peut en résulter aucun danger.

8. Les contraventions à la présente ordonnance seront constatées par des procès-verbaux, pour être poursuivies devant les tribunaux, conformément aux lois.

9. La présente ordonnance sera *publiée* et affichée dans le ressort de la Préfecture de Police.

Les sous-préfets des arrondissemens de Saint-Denis et de Sceaux, les maires et adjoints des communes rurales, les commissaires de police, l'inspecteur général de police, les officiers de paix, la gendarmerie et les préposés de la police sont chargés de tenir la main à son exécution.

Le Ministre d'État, Préfet de Police,

Signé Comte Anglès.

Par le Ministre d'État, Préfet de Police,

Le secrétaire général, signé Fortis.

ORDONNANCE DE POLICE

Relative à la fabrication et au débit des poudres détonnantes et fulminantes.

Paris, le 21 juillet 1823.

Nous, Conseiller d'État, Préfet de Police,

Vu les arrêtés du Gouvernement du 1er juillet 1800 (12 messidor an VIII), et du 25 octobre 1800 (3 brumaire an IX);

Ordonnons ce qui suit :

Art. 1er. L'ordonnance du Roi du 25 juin 1823, concernant la fabrication et le débit des préparations connues sous le nom générique de poudres détonnantes et fulminantes, sera publiée et affichée avec la présente ordonnance, tant à Paris que dans les communes du ressort de la Préfecture de Police.

2. Aux termes de l'art. 3 du décret du 15 octobre 1810, les personnes qui voudront établir une fabrique du genre de celles dont il est fait mention dans l'art. 1er de l'ordonnance royale précitée, nous adresseront directement leur demande en autorisation.

Ces demandes devront être accompagnées d'un plan figuré des lieux et des constructions projetées, et indicatif de la distance séparant l'emplacement désigné des habitations particulières.

3. Il est enjoint aux entrepreneurs des fabriques

du même genre, actuellement en activité, de faire dans le délai d'un mois, à la Préfecture de Police, la déclaration de l'époque de leur formation, en désignant exactement la situation du local où elles sont établies.

4. La déclaration prescrite par le second paragraphe de l'art. 5 de l'ordonnance royale précitée sera faite à Paris par les marchands détaillans, désignés dans le premier paragraphe, devant le commissaire de police du quartier, qui leur en donnera acte et nous en rendra compte immédiatement.

5. Les poudres et matières détonnantes et fulminantes ne pouvant être employées qu'à la fabrication d'objets d'une utilité reconnue, il est expressément défendu de préparer, de vendre et de distribuer des bonbons, cartes, cachets et étuis fulminans, et autres objets de ce genre, dont l'usage peut occasioner et a déjà causé des accidens. Ces dernières compositions seront saisies partout où elles seront trouvées.

6. Les contraventions à la présente ordonnance seront constatées par des procès-verbaux, et poursuivies conformément aux lois et règlemens.

7. Les sous-préfets des arrondissemens de Saint-Denis et de Sceaux, les maires et adjoints des communes rurales du ressort de la Préfecture de Police, les commissaires de police, le chef de la police centrale, les officiers de paix et les préposés de la Préfecture de Police sont chargés, chacun en ce qui le concerne, de tenir la main à l'exécution des dispositions

prescrites, tant par l'ordonnance du Roi du 25 juin dernier que par la présente.

Le Conseiller d'État, Préfet de Police,

Signé G. DELAVAU.

Par le Conseiller d'État, Préfet,

Le secrétaire général, signé L. DE FOUGÈRES.

———

ORDONNANCE

Sur les établissemens d'éclairage par le gaz.

Paris, le 20 décembre 1824.

Nous, Conseiller d'État, Préfet de Police,

Vu l'ordonnance du Roi du 20 août 1824, relative aux établissemens d'éclairage par le gaz hydrogène, et l'instruction y annexée;

Considérant qu'il importe d'assurer l'exécution des dispositions prescrites, et de déterminer, dans l'intérêt de l'ordre et de la sûreté publique, les précautions à observer pour l'établissement des conduites du gaz, tant sous le sol des rues, que dans les établissemens publics ou particuliers où l'on emploie ce mode d'éclairage;

Ordonnons ce qui suit :

ART. 1er. L'ordonnance du Roi du 20 août 1824, et l'instruction y annexée, seront imprimées, publiées et affichées avec la présente ordonnance.

Elles seront notifiées en outre aux entrepreneurs de chaque usine d'éclairage par le gaz, autorisée et actuellement en activité. Ces entrepreneurs seront tenus de se conformer aux différentes mesures et précautions prévues dans l'instruction précitée, dans les délais qui leur seront fixés, et ainsi qu'il leur sera prescrit lors de la notification.

2. Les deux chaînes au moyen desquelles chaque gazomètre doit être suspendu seront, aux termes du second alinéa du troisième paragraphe de l'instruction, essayées, avant de pouvoir être employées, en présence de la personne par nous désignée à cet effet.

3. L'épreuve à faire subir, conformément au second alinéa du quatrième paragraphe de l'instruction, aux vases dans lesquels sera comprimé le gaz destiné à être porté à domicile, sera faite également en présence de la personne par nous désignée.

Chaque vase reconnu propre au service sera marqué du timbre de la Préfecture de Police.

Les essais seront renouvelés aux époques qui seront ultérieurement déterminées.

4. Les personnes qui se proposeront de former des établissemens d'éclairage par le gaz, ainsi que les entrepreneurs des usines actuellement en activité, qui voudront établir de nouveaux gazomètres, joindront à la demande en autorisation qu'ils doivent nous adresser, le plan exact des lieux et des dispositions projetées, avec l'indication du nombre des gazomètres, de leurs dimensions, etc.

5. Aucune tranchée ne pourra être ouverte pour placer sous le sol de la voie publique les conduites destinées à la distribution du gaz, qu'en vertu de notre permission, et avec les précautions qui seront prescrites dans l'intérêt de la libre circulation et de la sûreté publique.

Cette permission ne sera accordée aux entrepreneurs qu'autant qu'ils auront, aux termes du règlement approuvé par S. Exc. le Ministre de l'Intérieur le 6 décembre 1821, préalablement obtenu de M. le Préfet de la Seine l'autorisation de placer leurs tuyaux dans la direction déterminée par ce magistrat.

6. Les entrepreneurs seront également tenus de se pourvoir de notre permission pour ouvrir des tranchées à l'effet de renouveler les tuyaux de conduite, ou pour tous autres ouvrages qui ne pourront être terminés dans les quarante-huit heures.

Néanmoins, ils pourront pourvoir aux réparations accidentelles, en en prévenant le commissaire de police du quartier, et en observant les précautions qui leur seront indiquées par ce fonctionnaire.

7. Les tuyaux de branchement destinés à conduire le gaz depuis la conduite principale jusqu'aux becs d'éclairage placés dans les établissemens publics ou particuliers, les boutiques, magasins et autres lieux, devront être isolés des murs, cloisons ou planchers qu'ils auront à traverser, au moyen d'un fourreau ou gaîne de fer, de fonte, de tôle, de plomb ou de toute autre matière d'une consistance suffisante, adhé-

rent aux murs, cloisons ou planchers, et ouvert à ses deux extrémités, de manière que, s'il se manifeste quelque fuite dans les branchemens, le gaz ne puisse s'écouler dans les interstices de la maçonnerie, et se loger dans quelque réduit fermé, où il pourrait oc- casioner une explosion.

Les parois du fourreau ne pourront être adhérentes au tuyau de branchement (1).

8. Il est expressément défendu aux entrepreneurs, sous leur responsabilité personnelle, d'alimenter au- cun nouveau bec de gaz dont le branchement ne serait pas disposé ainsi qu'il est prescrit par l'article précédent.

9. Il leur est enjoint, également sous leur respon- sabilité, de cesser d'éclairer tous les établissemens publics ou particuliers dont ils font actuellement le service, si, dans un délai de trois mois à dater de ce jour, les branchemens ne sont pas isolés comme il est prévu par l'art. 7.

10. Il est prescrit aux entrepreneurs d'éclairage par le gaz comprimé dans des vases portatifs de faire, à la Préfecture de Police, la déclaration des lieux qu'ils auront à éclairer, avant de livrer le gaz aux consom-

---

(1) Pour prévenir tout accident, il est essentiel que les pièces éclai rées par le gaz soient ventilées avec soin, même pendant l'inter ruption de l'éclairage ; c'est-à-dire qu'il doit être pratiqué, dans la partie supérieure, quelques ouvertures par où le gaz puisse s'échapper au dehors, à mesure qu'il se répandrait dans l'intérieur des lieux éclairés. (*Note jointe à l'ordonnance.*)

mateurs, afin que chaque local où devront être placés les vases soit préalablement visité par l'architecte commissaire de la petite voirie, et que l'administration puisse ordonner l'exécution des mesures reconnues nécessaires dans l'intérêt de la sûreté publique.

11. Les entrepreneurs de chaque usine seront tenus de donner connaissance des noms et demeures de tous leurs abonnés, et même communication de leurs registres, à toute réquisition de l'administration de la police, afin qu'elle puisse faire surveiller l'exécution des dispositions ordonnées par les quatre articles précédens.

12. Les salles de spectacle et les théâtres publics éclairés par le gaz seront en outre garnis de lampes d'Argant à double courant d'air, et contenues dans des manchons de verre.

Ces lampes, dont le nombre et la position seront fixés pour chaque théâtre, à raison des localités, seront tenues allumées pendant tout le cours des représentations.

13. Les contraventions seront constatées et poursuivies devant les tribunaux compétens, indépendamment des mesures de police administrative auxquelles il serait nécessaire de recourir.

14. Les sous-préfets des arrondissemens de St.-Denis et de Sceaux, les maires des communes rurales du ressort de la Préfecture de Police, l'architecte commissaire de la petite voirie, les commissaires de police, le chef de la police centrale, les officiers de paix

et les chefs du service extérieur, sont chargés, chacun en ce qui le concerne, de tenir la main à l'exécution de la présente ordonnance.

Le Conseiller d'État, Préfet de Police,

Signé G. DELAVAU.

Par le Conseiller d'Etat, Préfet,

Le secrétaire général, signé L. DE FOUGÈRES.

RÈGLEMENS

Publiés dans le département de la Seine-Inférieure, concernant l'établissement et l'emploi des machines à feu (1).

SECTION PREMIÈRE.

DES BATEAUX A VAPEUR.

§ Ier.

Arrêté du 28 août 1823.

Nous, maître des requêtes au Conseil d'Etat, officier de l'ordre royal de la Légion-d'Honneur, Préfet du département de la Seine-Inférieure,

Vu l'ordonnance royale du 2 avril 1823, qui prescrit des mesures de précaution pour la navigation des bateaux à vapeur, afin de garantir, d'une manière suffisante, la sûreté de l'équipage et des passagers ;

Considérant que les communications sont établies entre les côtes de France et d'Angleterre, au moyen d'un paquebot à vapeur qui fait périodiquement le trajet de Dieppe à Brigthon, et que le transport des marchandises et des voyageurs, entre les ports de

---

(1) L'importance de ces règlemens, établis pour l'un des départemens de la France les plus riches en manufactures de tont genre, nous fait un devoir de les rapporter ici.

Rouen et du Havre, doit avoir lieu prochainement,
au moyen de bateaux à vapeur qui sont sur le point
d'entrer en navigation ;

Considérant qu'il est nécessaire d'assurer la prompte
exécution des dispositions de cette ordonnance, en
établissant, dans chacun des trois ports de Dieppe,
le Havre et Rouen, une commission spécialement
chargée de l'inspection habituelle desdits bâtimens de
transport, afin de s'assurer qu'ils sont construits
avec toute la solidité et les précautions désirables,
principalement en ce qui concerne l'appareil moteur,
et que cet appareil est soigneusement entretenu dans
toutes ses parties, sans présenter aucune probabilité
d'effraction, ni aucune détérioration dangereuse ;

Considérant qu'il importe d'appeler à la composition de ces commissions les personnes qui réunissent
les connaissances physiques, mécaniques, nautiques et
commerciales propres à remplir, de la manière la
plus utile à l'intérêt public, le but d'une semblable
institution,

Avons arrêté, et arrêtons ce qui suit :

Art. 1er. Il est institué trois Commissions, l'une
à Dieppe, l'autre au Havre, et la troisième à Rouen,
qui seront chargées des soins déterminés par l'art. 1er
de l'ordonnance royale du 2 avril 1822, relativement aux bâtimens à vapeur qui stationnent dans les
ports.

2. Sont nommés membres de la Commission instituée à Dieppe, MM.,

Panichot (1), ingénieur des Ponts et Chaussées et des travaux maritimes ;

Auvray, lieutenant de port ;

Lenourri de Montmirel, chevalier de Saint-Louis, ancien lieutenant de vaisseau ;

Lancel, ancien capitaine au long cours ;

Colin Olivier père, constructeur de navires.

Sont nommés membres de la Commission instituée au Havre, MM. ,

Haudry (2), ingénieur en chef des travaux maritimes ;

Chevalier, ingénieur ordinaire ;

Flesselle, lieutenant de vaisseau, directeur du port du Havre ;

Bellenger, capitaine de port ;

Lahoussaye, négociant ;

Sont nommés membres de la Commission instituée à Rouen, MM. ,

---

(1) Il est remplacé par M. Frissart, ingénieur ordinaire des Ponts et Chaussées et des travaux maritimes.

Au reste, la commission instituée à Dieppe n'a maintenant à s'occuper d'aucun des soins déterminés par l'arrêté du 28 août 1823. Une décision ministérielle du 18 novembre 1825 a fait connaître que les dispositions de l'ordonnance royale du 2 avril 1823 ne sont point applicables aux bâtimens à vapeur qui naviguent inclusivement d'un port étranger à un port français.

(2) M. *Haudry* étant décédé, et M. *Chevalier* ayant été chargé du service des travaux maritimes, à titre d'ingénieur en chef, la commission s'est trouvée incomplète. En conséquence, par décision du 17 novembre 1825, M. *Berthelot*, lieutenant de port au Havre, a été appelé à la compléter.

(257)

Letellier, ingénieur en chef des Ponts et Chaussées;

Drapier, ingénieur ordinaire;

Chaunay-Duclos, ancien capitaine de vaisseau, capitaine du port;

Letellier, inspecteur de l'Académie;

Fremery, membre de la chambre de commerce.

3. Tous particuliers qui se proposeraient d'établir sur la Seine ou sur un point quelconque des côtes de ce département, des bâtimens à vapeur, seront tenus de nous en prévenir, afin que, sur notre réquisition, l'une des trois Commissions instituées en vertu de l'article précédent, ou toute autre qui le serait par la suite, puisse procéder à la visite desdits bâtimens; et ils ne pourront, sous les peines au cas appartenant, entrer en navigation avant que le procès-verbal de cette visite ait été souscrit de notre approbation.

4. Les bâtimens à vapeur admis à naviguer seront en outre visités périodiquement tous les trois mois, et toutes les fois d'ailleurs que nous aurons reconnu ce soin convenable. Sur le vu du procès-verbal de visite, nous prescrirons des mesures que paraîtrait exiger, d'après les propositions qui nous en seront faites, le soin de pourvoir à la sûreté de l'équipage et des passagers.

5. Les Commissions instituées en exécution du présent arrêté seront appelées à nous exprimer leur opinion sur toutes les questions relatives, soit à la police de la navigation des bâtimens à vapeur, soit à la prospérité de ces établissemens considérés comme

propres à favoriser le développement des relations commerciales, le tout sans préjudice de l'avis des autorités locales et des chambres de commerce.

6. Le présent arrêté sera inséré au Recueil des Actes administratifs, et adressé à chacun des membres des Commissions dont il a l'institution pour objet. Les dispositions qu'il renferme recevront leur exécution sous la surveillance spéciale de M. le Maire de la ville de Rouen, et de MM. les Sous-Préfets des arrondissemens du Havre et de Dieppe.

§ II.

Arrêté du 10 novembre 1825.

Nous, Conseiller d'État, commandeur de l'ordre royal de la Légion-d'Honneur, Préfet du département de la Seine-Inférieure,

Vu l'ordonnance royale du 2 avril 1823, qui prescrit des mesures de précaution pour la navigation des bateaux à vapeur, afin de garantir d'une manière suffisante la sûreté de l'équipage et des passagers ;

Vu notre arrêté du 28 août 1823, portant institution dans les villes de Rouen, le Havre et Dieppe, de Commissions spécialement chargées de concourir à l'exécution des art. 1, 2 et 3 de ladite ordonnance ;

Informé que plusieurs des bateaux à vapeur qui naviguent sur la Seine n'ont point encore été soumis à une visite complète, en ce qui concerne l'appareil moteur et l'entretien des différentes pièces dont se compose cet appareil ;

Voulant prévenir, autant qu'il dépend de nous, les accidens malheureux qui pourraient être la conséquence d'un pareil état de choses ,

Avons arrêté et arrêtons ce qui suit :

Art. 1er. D'ici à la fin du présent mois , tous les bateaux à vapeur qui naviguent actuellement sur la Seine, du Havre à Rouen , et de Rouen à Paris , seront soumis à une nouvelle visite qui aura pour objet la reconnaissance et la vérification prescrites par les art. 1 et 3 de l'ordonnance royale du 2 avril 1823.

2. Les entrepreneurs , directeurs ou conducteurs desdits bateaux demeurent chargés de provoquer ladite visite, à l'effet de quoi ils dresseront *dans les huit jours de la notification qui leur sera faite du présent par l'autorité locale ,* une demande au président de la Commission instituée par notre arrêté du 28 août 1823, dans les différens ports où ils ont leur établissement. Cette demande rappellera la date de la dernière visite qui aurait eu lieu , et indiquera d'une manière explicative quels sont le système et la force des machines à feu qui mettent en mouvement les bateaux sus-mentionnés.

L'objet de la demande précitée sera rempli dans les huit jours au plus tard qui en suivront la date, à la diligence de MM. les Présidens des Commissions.

3. Les visites mentionnées aux art. 1 et 2 seront renouvelées tous les trois mois. En conséquence , les entrepreneurs, directeurs et conducteurs des bateaux à vapeur reproduiront , huit jours au moins avant

l'expiration de chaque trimestre, la demande à laquelle ils sont assujettis par l'article précédent.

4. Lorsqu'un nouveau bateau à vapeur sera sur le point d'entrer en navigation, la demande dont il s'agit nous sera directement adressée, et nous nous réservons de la transmettre à celle des Commissions instituées par notre arrêté du 28 août 1823, à laquelle appartiendra la visite.

5. Les procès-verbaux des visites qui auront eu lieu en exécution des art. 2, 3 et 4 nous seront adressés pour être souscrits de notre visa et approbation. Toutefois, les Commissions pourront, le cas échéant, délivrer des permis provisoires de naviguer.

6. Les autorités municipales et agens de police s'opposeront, par tous les moyens qui sont à leur disposition, conformément au paragraphe 5 de l'art. 2 du titre XI de la loi des 16-24 août 1790, à l'embarquement d'aucuns passagers, ni d'aucunes marchandises sur les bateaux à vapeur dont les entrepreneurs, directeurs ou conducteurs ne justifieraient point, dans les délais voulus, de procès-verbaux dûment approuvés, mentionnés en l'art. 5.

Les capitaines, lieutenans et maîtres de ports sont chargés, sous leur responsabilité personnelle, de donner aux susdites autorités tous avertissemens nécessaires pour l'exécution de la précédente disposition.

7. Les visites ci-dessus mentionnées sont indépendantes de celles qui devront avoir lieu périodiquement, à la diligence des officiers de port, pour

l'exécution de l'art. 12 du décret du 10 mars 1807, et dont le procès-verbal nous sera également adressé.

8. Le présent arrêté sera inséré au Recueil des Actes administratifs.

SECTION II.

Des machines à feu à haute ou basse pression, fumivores ou non fumivores.

Arrêté du 26 novembre 1825.

Nous, Conseiller d'État, commandeur de l'ordre royal de la Légion-d'Honneur, Préfet du département de la Seine-Inférieure,

Vu, 1°. le décret du 15 octobre 1810, relatif aux manufactures et ateliers qui répandent une odeur incommode ou insalubre ;

2°. L'ordonnance royale du 14 janvier 1815, contenant règlement sur lesdits établissemens ;

3°. L'ordonnance royale du 29 octobre 1823, portant règlement sur les machines à feu à haute pression ;

4°. L'ordonnance royale du 9 février 1825, relative à la classification des établissemens dangereux, insalubres ou incommodes ;

Vu l'art. 3 du titre XI de la loi des 16-24 août 1790, qui attribue aux autorités administratives le soin de prévenir, par les précautions convenables, les accidens et fléaux calamiteux ;

Vu la circulaire de M. le Conseiller d'État, directeur général des Ponts et Chaussées, portant envoi

16

d'une instruction sur les mesures habituelles de précaution à observer dans l'emploi des machines à vapeur à haute pression ;

Vu ladite instruction, en date du 19 mars 1824 ;

Vu une autre circulaire de M. le Conseiller d'État,
directeur général des Ponts et Chaussées, portant envoi
d'une seconde instruction concernant les épreuves
auxquelles doivent être soumises lesdites machines
préalablement à leur emploi ;

Vu ladite instruction, en date du 7 mai 1825 ;

Vu l'instruction ministérielle du 19 août 1825,
ayant pour objet d'interpréter le 3e paragraphe de
l'art 7 du décret du 15 octobre 1810 (1) ;

Vu deux lettres à nous adressées, sous les dates des
6 avril et 30 août 1822, concernant les mesures de
répression qui peuvent être employées contre ceux
qui formeraient un des établissemens compris dans
la nomenclature annexée à l'ordonnance royale du
14 janvier 1815, sans en avoir obtenu l'autorisation,
ou qui transgresseraient cette autorisation après l'a-
voir obtenue (2) ;

---

(1) Cette instruction a pour but de faire connaître aux préfets la jurisprudence du Conseil d'État sur le troisième paragraphe de l'art. 7
du décret de 1810, au moyen de laquelle il est maintenant bien établi
que ce n'est qu'après que l'établissement a été autorisé par le préfet, que
le Conseil de Préfecture peut prononcer sur les oppositions. (*Voyez* la
page 62 du Traité.)

(2) Nous ignorons ce que contiennent ces deux lettres, mais ce que
nous savons, c'est que des tribunaux ayant refusé de prononcer des

Considérant que les machines à feu se multiplient dans le département, et qu'il importe que l'administration veille à ce que ces machines n'occasionent aucune incommodité au voisinage des lieux de leur établissement, ou ne donnent lieu, à défaut de précautions convenables, soit dans leur organisation primitive, soit dans leur emploi habituel, à des accidens qui pourraient compromettre, d'une manière grave, la sûreté publique ;

Avons arrêté et arrêtons les dispositions suivantes :

TITRE PREMIER.

Dispositions préliminaires.

ART. 1ᵉʳ. Toutes demandes tendantes à obtenir l'autorisation d'établir et de mettre en activité une machine à feu seront adressées au sous-préfet de l'arrondissement.

2. Les pétitionnaires seront tenus de déclarer, d'une manière explicite,

1°. Si la machine doit être à basse ou à haute pression, et, dans ce dernier cas, à quel degré habituel de pression elle est destinée à agir. La pression sera évaluée en unités d'atmosphères, ou en kilogrammes

---

peines contre les contrevenans aux dispositions prohibitives du décret et des ordonnances sur les ateliers insalubres, le Ministre de l'Intérieur consulta le Conseil d'État qui, par un Avis du 19 décembre 1822, délibéré dans les comités de législation et de l'intérieur, déclara qu'il n'y avait aucune pénalité applicable en pareil cas.

16..

par centimètre carré de surface exposé à la force élastique de la vapeur;

2°. Si la machine doit être fumivore ou non fumivore, et, dans le premier cas, quel système de construction ils se proposent d'employer pour que cette condition soit remplie.

3. Il sera en outre joint aux demandes ayant pour objet d'obtenir l'autorisation d'établir une machine à feu, soit non fumivore soit à haute pression, un plan géométrique indicatif du lieu de l'établissement et des habitations circonvoisines, dans un rayon de vingt mètres de distance.

TITRE II.

Demandes en autorisation d'établir des machines à feu à basse pression fumivores. Instruction et décision.

4. Les demandes en autorisation d'établir des machines à feu à basse pression et *fumivores* seront communiquées, par le sous-préfet, au maire de la commune du lieu de l'établissement. Celui-ci, après avoir recueilli tous les renseignemens propres à fixer son opinion, soit en interrogeant les voisins, soit en visitant ou faisant visiter les localités, renverra lesdites demandes au sous-préfet, avec son avis motivé.

5. Ce fonctionnaire, examen fait des pièces mentionnées en l'article précédent, et après avoir pris au besoin toutes informations supplémentaires qu'il ju-

gerait convenables, accordera ou refusera l'autorisation demandée.

6. Les réclamations auxquelles donnerait lieu l'autorisation accordée par le sous-préfet nous seront
directement adressées pour être soumises au Conseil
de Préfecture, conformément au paragraphe 2 du
décret du 15 octobre 1810.

7. En cas d'autorisation définitive, tout propriétaire d'une machine à feu fumivore à basse pression
sera tenu, au moment de la mettre en activité, d'en
donner avis au maire de la commune, qui fera procéder à la visite de ladite machine, et constatera si
elle remplit d'une manière satisfaisante les conditions auxquelles elle est soumise.

Une copie du procès-verbal de cette visite sera,
dans les trois jours, adressée au sous-préfet de l'arrondissement.

TITRE III.

*Demandes en autorisation d'établir des machines à
feu à basse pression non fumivores. Instruction et
décision.*

8. Les demandes en autorisation d'établir des machines à feu à basse pression *non fumivores*, seront
communiquées par le sous-préfet, soit au maire de la
commune du lieu de l'établissement, soit au juge de
paix du canton, soit à tout autre délégué de son choix,
avec invitation de procéder, dans le délai de quinze
jours, à une enquête *de commodo et incommodo*.

9. Tous les voisins du local où la machine sera placée, et en général tous autres intéressés nommus, devront être prévenus individuellement, au moins huit jours à l'avance, du jour et de l'heure où l'information aura lieu.

10. En tête du procès-verbal d'information sera écrite la liste de toutes les personnes appelées; celles qui se présenteront seront entendues chacune en particulier, et les observations qu'elles auront jugé convenable de produire seront textuellement rapportées, quand bien même elles seraient identiques les unes avec les autres.

11. Cette audition terminée, le délégué du sous-préfet entendra toutes autres personnes dont il croirait d'ailleurs convenable de recueillir et de consigner l'opinion dans son procès-verbal.

12. Toutes les fois qu'une opposition sera fondée sur la proximité de l'établissement projeté, la distance précise devra être indiquée dans le procès-verbal, vérifiée sur les lieux, et rapportée sur le plan dont il est fait mention en l'article 3.

13. Le procès-verbal d'information sera écrit sur papier timbré au coût de 1 fr. 25 c. la feuille, conformément au paragraphe 1er de l'article 12 de la loi du 3 novembre 1798 (13 brumaire an VII).

14. Immédiatement après la clôture de l'information, le procès-verbal et toutes les pièces communiquées au commissaire délégué seront déposées, pendant huit jours, au secrétariat de la mairie, où les

intéressés pourront en prendre connaissance et produire les observations qu'ils auraient à faire valoir.

A l'expiration de ce délai, le maire transmettra le
tout au sous-préfet de l'arrondissement, avec son avis
particulier.

15. Ce fonctionnaire soumettra immédiatement à
notre approbation l'arrêté qu'il aura pris, et nous
statuerons conformément au paragraphe 2 de l'article
7 du décret du 15 octobre 1810, sauf le recours au
Conseil d'État de toutes parties intéressées.

1 S'il y a des oppositions, elles nous seront
adressées, pour être, conformément au paragraphe 3
de l'article 7 du décret du 15 octobre 1810, soumises
au Conseil de Préfecture, qui statuera, sauf le recours au Conseil d'État.

17. L'arrêté du Conseil de Préfecture sera notifié à
chacune des deux parties, afin que celle qui aura suc-
combé puisse se pourvoir en temps utile, si elle le
juge convenable, contre ledit arrêté.

18. En cas d'autorisation définitive, il sera procédé, sur l'avertissement donné à l'autorité locale par
le propriétaire de la machine à feu autorisée, conformément à l'article 7.

TITRE IV.

*Demandes en autorisation d'établir des machines à
feu à haute pression. Instruction et décision.*

19. Les demandes en autorisation d'établir des
machines à feu à *haute pression*, fumivores ou non.

fumivores, seront instruites conformément aux dispositions exprimées dans les articles 8, 9, 10, 11,
12, 13 et 14, et le sous-préfet nous soumettra les
résultats de l'instruction avec son avis.

20. Lesdites demandes seront ensuite communiquées, soit à l'ingénieur des Mines, soit à celui des
ingénieurs des Ponts et Chaussées désigné pour le
remplacer, avec invitation de visiter le lieu de l'établissement projeté, de consigner dans un procès-
verbal les reconnaissances qu'il aura faites, et de nous
proposer, dans un rapport explicatif, les conditions
à imposer pour remplir l'objet de l'article 6 de l'ordonnance royale du 29 octobre 1823.

.. Les pétitionnaires devront être prévenus, au moins
cinq jours à l'avance, de cette visite et de son objet.

21. Le rapport et le procès-verbal susdit nous seront immédiatement soumis, et nous statuerons conformément à l'article 15 ; en cas d'oppositions, il sera
procédé comme il est dit en l'article 16.

22. En cas d'autorisation définitive, il sera interdit
à tout propriétaire d'une machine à feu, sous peine
de voir révoquer l'autorisation obtenue, de la mettre
en activité avant que l'ingénieur chargé de ce soin ait
procédé à une nouvelle visite des lieux, qui aura
pour objet de reconnaître si les conditions imposées
au pétitionnaire ont été strictement observées.

Il s'attachera surtout à examiner si la chaudière de
la machine à feu est pourvue de deux soupapes de
sûreté et des rondelles de métal fusibles, disposées

comme il est dit en l'article 4 de l'ordonnance royale du 29 octobre 1823, et si elle a été vérifiée et approuvée, en vertu des articles 3 et 5, selon le mode déterminé par l'instruction du 7 mai 1825.

23. Si le procès-verbal constatant la visite prescrite par l'article précédent ne laisse aucun doute sur l'emploi de toutes les mesures de précaution déterminées par l'ordonnance sus-mentionnée, nous apposerons, à la suite de ce procès-verbal, l'autorisation de mettre la machine en activité, et il en sera immédiatement adressé une expédition authentique au propriétaire de ladite machine.

TITRE V.

Dépenses auxquelles donnent lieu les demandes en autorisation d'établir des machines à feu.

24. Le coût du papier timbré employé à la rédaction du procès-verbal d'information, ainsi qu'il est dit en l'article 13, les frais auxquels donnerait lieu la vérification du plan produit conformément à l'article 3, et autres accessoires, seront à la charge des pétitionnaires, qui en compteront au commissaire chargé de l'information.

25. Les honoraires dus à l'ingénieur chargé des visites et vérifications prescrites par les articles 20 et 22, ainsi que les dépenses qui auraient été la conséquence nécessaire de ces vérifications, seront établis dans un état certifié par cet ingénieur, et que nous

rendrons exécutoire conformément à l'article 75 du décret du 25 août 1804 (7 fructidor an XII). En conséquence, les pétitionnaires seront tenus d'en acquitter le montant dans le délai de quinze jours, sous peine d'y être contraints comme en matière de contributions publiques.

TITRE VI.

Surveillance et police auxquelles sont soumises les machines à feu.

26. Les propriétaires d'établissemens industriels où il existe des machines à feu à haute pression, à quelque époque qu'elles aient été autorisées, seront obligés à tenir constamment affichée en placards, dans leurs ateliers, l'instruction du 19 mars 1824, à la suite de laquelle sera placée une table des forces élastiques de la vapeur d'eau à différentes températures.

Ils veilleront à ce que leurs mécaniciens, ouvriers chauffeurs et autres, s'y conforment très soigneusement en ce qui les concerne.

27. Les maires et adjoints exécuteront ou feront exécuter, par un ou plusieurs agens désignés par nous, sur leur présentation, des visites fréquentes dans lesdits établissemens, pour vérifier si la condition prescrite par l'article précédent est remplie. Ils requerront l'exhibition des actes administratifs spéci-

fiés dans les articles 21 et 23, en vertu desquels les machines à feu ont été établies, et ils s'assureront qu'il n'a été dérogé à aucune des dispositions exprimées dans lesdits actes. En cas de contraventions, elles seront constatées par procès-verbaux.

28. Les ingénieurs des Mines ou des Ponts et Chaussées feront de semblables visites au moins une fois dans l'année, et en consigneront le résultat dans un procès-verbal explicatif et détaillé. Ils nous proposeront la réforme de toutes les chaudières, quand bien même leur existence serait antérieure à la promulgation de l'ordonnance royale du 29 octobre 1823, qui leur paraîtraient dangereuses en raison de quelques détériorations accidentelles.

29. Les établissemens où il existe des machines à feu à basse pression, fumivores ou non fumivores, seront visités comme il est dit en l'article 27. Les maires et adjoints, ou les agens délégués, s'attacheront principalement, en ce qui concerne les machines dites fumivores, à examiner si les appareils destinés à brûler la fumée, autant qu'il est possible de le faire dans l'état actuel des procédés, fonctionnent habituellement avec le succès qu'on a droit d'en attendre, et d'une manière soutenue. En cas d'insuffisance notoire des appareils ou de négligence dans leur emploi, ou d'infractions quelconques aux actes de permission, il en sera dressé procès-verbal.

30. En cas de contravention aux dispositions d'un acte administratif portant autorisation d'une machine

à feu, constatée ainsi qu'il est dit aux articles 27, 28 et 29, il sera par nous pris un arrêté portant injonction au délinquant de suspendre le travail de cette machine, jusqu'à ce qu'il se soit pleinement conformé aux conditions qui lui ont été imposées.

La notification de cet acte lui sera faite administrativement par l'autorité locale.

31. S'il n'obtempère point à ladite injonction, sa désobéissance sera constatée par un nouveau procès-verbal, sur le vu duquel nous prescrirons, soit la mise sous scellé, soit l'enlèvement des parties défectueuses de la machine irrégulièrement établie.

Les frais auxquels cette mesure pourrait donner lieu seront recouvrés ainsi qu'il est dit en l'article 25.

32. Les dispositions résultantes de l'article précédent sont indépendantes des peines, dommages et intérêts qui pourraient être prononcés contre tous délinquans par les tribunaux compétens (1).

____

(1) L'arrêté qui précède, et dont les dispositions sont mises à exécution dans tout le département de la Seine-Inférieure, a été approuvé le 21 janvier 1826 par le Ministre de l'Intérieur.

ÉTAT GÉNÉRAL

DES

ATELIERS ET ÉTABLISSEMENS

Qui, à raison de l'insalubrité, ou de l'incommodité, ou des dangers qui en résultent pour le voisinage, ne peuvent être formés spontanément et sans permission, soit qu'ils ne produisent qu'un de ces inconvéniens, soit qu'ils en réunissent plusieurs;

DRESSÉ PAR ORDRE ALPHABÉTIQUE,

D'après le décret du 15 octobre 1810, et d'après les ordonnances du Roi des 14 janvier 1815, 29 juillet 1818, 25 juin et 29 octobre 1823, 20 août 1824, 9 février 1825 et 5 novembre 1826 ;

SUIVI

De la nomenclature complète des mêmes ateliers et établissemens, dans laquelle ils sont distribués en trois classes; imprimé par ordre de S. Exc. le Ministre secrétaire d'état de l'Intérieur.

ÉTAT GÉNÉRAL

Des ateliers et établissemens qui, à raison de l'insalubrité, ou de l'incommodité, ou des dangers qui en résultent pour le voisinage, ne peuvent être formés spontanément et sans permission, soit qu'ils ne produisent qu'un de ces inconvéniens, soit qu'ils en réunissent plusieurs.

DÉSIGNATION DES ATELIERS ET ÉTABLISSEMENS insalubres, ou incommodes, ou dangereux.	INDICATION SOMMAIRE de leurs inconvéniens.	CLASSES dans lesquelles ils sont rangés.	NUMÉROS qui leur sont assignés dans la no- menclature à la suite du présent état.	DATES des décret et ordonnances de classement.
Absinthe (Distillerie d'extrait ou esprit d').	Danger d'incendie...	2e	66	9 fév. 1825
Acétate de plomb, *Sel de saturne* (Fabricat. de l').	Quelques inconvéniens, mais seulement pour la santé des ouvriers.	3e	144	14 janv. 1815
Acide acétique (Fabrique de l')	Peu d'inconvénient..	3e	144bis	5 nov. 1826
Acide muriatique (Fabrication de l') à vases clos.	Odeur désagréable et incommode quand les appareils perdent, ce qui a lieu de temps à autre.	2e	67	14 janv. 1815
Acide muriatique oxigéné (Fabrication de l'). Voir *Chlore*.	*Idem.*	2e	68	*Idem.*
Acide muriatique oxigéné (Fabrication de l'), quand il est employé dans les établissemens mêmes où on le prépare. Voir *Chlore*.	*Idem.*	2e	88	9 fév. 1825
Acide nitrique, *Eau forte* (Fabrication de l').	Ne se fabrique plus d'après l'ancien procédé. Voir l'article ci-après.	1re	1	14 janv. 1815
Acide nitrique, *Eau forte* (Fabrication de l'), par la décomposition du salpêtre au moyen de l'acide sulfurique, dans l'appareil de *Wolf.*	Odeur désagréable et incommode quand les appareils perdent, ce qui a lieu de temps à autre.	2e	69	9 fév. 1825
Acide pyroligneux (Fabriques d'), lorsque les gaz se répandent dans l'air sans être brûlés.	Beaucoup de fumée et odeur empyreumatique très désagréable.	1re	2	14 janv. 1815

DÉSIGNATION DES ATELIERS ET ÉTABLISSEMENS insalubres, ou incommodes, ou dangereux.	INDICATION SOMMAIRE de leurs inconvéniens.	CLASSES dans lesquelles ils sont rangés.	NUMÉROS qui leur sont assignés dans la nomenclature à la suite du présent état.	DATES des décrets et ordonnances de classement.
Acide pyroligneux (Fabriques d'), lorsque les gaz sont brûlés.	Un peu de fumée et d'odeur empyreumatique.	2e	70	14 janv. 1815
Acide sulfurique (Fabrication de l').	Odeur désagréable, insalubre et nuisible à la végétation.	1re	3	Idem.
Acide tartareux (Fabriq. d').	Un peu de mauvaise odeur.	3e	144ter	5 nov. 1826
Acier (Fabriques d').	Fumée et danger du feu.	2e	71	14 janv. 1815
Affinage de l'or ou de l'argent par l'acide sulfurique, quand les gaz dégagés pendant cette opération sont versés dans l'atmosphère.	Dégagement de gaz nuisibles.	1re	4	9 févr. 1825
Affinage de l'or ou de l'argent par l'acide sulfurique, quand les gaz dégagés pendant cette opération sont condensés.	Très peu d'inconvénient quand les appareils sont bien montés et fonctionnent bien.	2e	72	Idem.
Affinage de l'or ou de l'argent au moyen du départ et du fourneau à vent. V. Or.	Cet art n'existe plus. .	2e	117	14 janv. 1815
Affinage de métaux au fourneau à coupelle ou au fourneau à réverbère.	Fumée et vapeurs insalubres et nuisibles à la végétation.	1re	5	Idem.
Alcali caustique en dissolution (Fabrication de l'). Voir Eau seconde.	Très peu d'inconvénient.	3e	170	Idem.
Allumettes (Fabricat. d') préparées avec des poudres ou matières détonnantes et fulminantes. V. Poudres fulminantes.	Tous les dangers de la fabrication des poudres fulminantes.	1re	40	25 juin 1823
Amidonniers.	Odeur fort désagréab.	1re	6	14 janv. 1815
Arcansons ou résines de pin (Travail en grand des), soit pour la fonte et l'épuration de ces matières, soit pour en extraire la térébenthine.	Danger du feu et odeur très désagréable.	1re	28	9 févr. 1825
Artificiers.	Danger d'incendie et d'explosion.	1re	7	14 janv. 1815

DÉSIGNATION DES ATELIERS ET ÉTABLISSEMENS insalubres, ou incommodes, ou dangereux.	INDICATION SOMMAIRE de leurs inconvéniens.	CLASSES dans lesquelles ils sont rangés.	NUMÉROS qui leur sont assignés dans la nomenclature à la suite du présent état.	DATES des décret et ordonnances de classement.
Batteurs d'or et d'argent..	Bruit.	3e	145	14 janv. 1815
Bitume en planche (Fabriques de).	Danger d'incendie..	2e	73	9 févr. 1825
Blanc de plomb ou de céruse (Fabriques de).	Quelques inconvén., seulement pour la santé des ouvriers	2e	74	14 janv. 1815
Bleu de Prusse (Fabriques de), lorsqu'on n'y brûle pas la fumée et le gaz hydrogène sulfuré.	Odeur désagréable, insalubre.	1re	8	*Idem.*
Bleu de Prusse (Fabriques de), lorsqu'elles brûlent leur fumée et le gaz hydrogène sulfuré, etc.	Très peu d'inconvénient si les appareils sont parfaits, ce qui n'a pas lieu constamment.	2e	75	*Idem.*
Bleu de Prusse (Dépôts de sang des animaux destiné à la fabrication du). Voir *Sang des animaux.*	Odeur très désagréable, surtout si le sang conservé n'est pas à l'état sec.	1re	44	9 févr. 1825
Blanc de baleine (Raffineries de).	Peu d'inconvénient..	2e	73bis	5 nov. 1826
Blanc d'Espagne (Fabriques de).	Très peu d'inconvénient.	3e	146	14 janv. 1815
Blanchîment des tissus et des fils de laine ou de soie par le gaz ou l'acide sulfureux.	Émanations insalubres.	2e	74bis	5 nov. 1826
Blanchîment des toiles et fils de chanvre, de lin ou de coton par le chlore.	Émanations désagréables.	2e	140	14 janv. 1815 et 5 nov. 1826
Blanchîment de toiles et fils de chanvre, de lin ou de coton, par les chlorures alcalins.	Peu d'inconvénient..	3e	146bis	5 nov. 1826
Bois dorés (Brûleries des).	Très peu d'inconvénient, l'opération se faisant très en petit.	3e	147	14 janv. 1815
Borax artificiel (Fabriques de).	Très peu d'inconvénient.	3e	148	9 févr. 1825
Borax (Raffinage du).	*Idem.*	3e	149	14 janv. 1815
Boues et immondices (Dépôts de). Voir *Voiries.*	Odeur très désagréable et insalubre.	1re	65	9 févr. 1825
Bougies de blanc de baleine (Fabriques de).	Quelque danger d'incendie.	3e	150	*Idem.*

17

DÉSIGNATION DES ATELIERS ET ÉTABLISSEMENS insalubres ou incommodes, ou dangereux.	INDICATION SOMMAIRE de leurs inconvéniens.	CLASSES dans lesquelles ils sont rangés.	NUMÉROS qui leur sont assignés dans la nomenclature à la suite du présent état.	DATES des décret et ordonnances de classement.
Boutons métalliques (Fabrication des).	Bruit..............	3e	151	14 janv. 1815
Boyaudiers............	Odeur très désagréable et insalubre.	1re	9	Idem.
Brasseries............	Fumée épaisse quand les fourneaux sont mal construits, et un peu d'odeur.	3e	152	Idem.
Briqueteries. Voir *Tuileries*.	Fumée abondante au commencement de la fournée.	2e	143	Idem.
Briqueteries ne faisant qu'une seule fournée en plein air, comme on le fait en Flandre.	*Idem*.	3e	153	Idem.
Briquets phosphoriques et oxigénés (Fabriques de).	Danger d'incendie. .	3e	153bis	5 nov. 1826
Buanderies des blanchisseurs de profession, et les lavoirs qui en dépendent, quand ils n'ont pas un écoulement constant de leurs eaux.	Odeurs désagréables et insalubres.	2e	75bis	Idem.
Buanderies des blanchisseurs de profession, et les *lavoirs* qui en dépendent, quand ils ont un écoulement constant de leurs eaux.	Peu d'inconvénient. .	3e	154	Idem.
Calcination d'os d'animaux lorsqu'on n'y brûle pas la fumée.	Odeur très désagréable de matières animales brûlées, portées à une grande distance.	1re	10	9 févr. 1825
Calcination d'os d'animaux lorsque la fumée est brûlée.	Odeur toujours sensible, même avec des appareils bien construits.	2e	76	Idem.
Camphre (Préparation et raffinage du).	Odeur forte, et quelque danger d'incendie.	3e	155	14 janv. 1815
Caractères d'imprimerie (Fonderies de).	Très peu d'inconvénient.	3e	156	Idem.

DÉSIGNATION DES ATELIERS ET ÉTABLISSEMENS insalubres, ou incommodes, ou dangereux.	INDICATION SOMMAIRE de leurs inconvéniens.	CLASSES dans lesquelles ils sont rangés.	NUMÉROS qui leur sont assignés dans la nomenclature à la suite du présent état.	DATES des décret et ordonnances de classement.
Caramel en grand (Fabriques de).	Danger du feu, odeur désagréable.	3e	156bis	5 nov. 1826
Cartonniers.	Un peu d'odeur désagréable.	2e	77	14 janv. 1815
Cendres (Laveurs de).	Très peu d'inconvénient.	3e	157	Idem.
Cendres bleues et autres précipités du cuivre (Fabrication des).	Aucun inconvénient, si ce n'est celui de l'écoulement au dehors des eaux de lavage.	3e	158	Idem.
Cendres d'orfèvre (Traitement des) par le plomb.	Fumée et vapeurs insalubres.	1re	11	Idem.
Cendres d'orfèvre (Traitement des) par le mercure et la distillation des amalgames.	Danger à cause du mercure en vapeur dans l'atelier.	2e	78	Idem.
Cendres gravelées (Fabrication des), lorsqu'on laisse répandre la fumée au dehors.	Fumée très épaisse et très désagréable par sa puanteur.	1re	12	Idem.
Cendres gravelées (Fabrication des), lorsqu'on brûle la fumée, etc.	Un peu d'odeur. . . .	2e	79	Idem.
Céruse (Fabriques de). V. Blanc de plomb.	Quelques inconvén. seulement pour la santé des ouvriers	2e	74	Idem.
Chairs ou débris d'animaux (les dépôts, les ateliers ou les fabriques où ces matières sont préparées par la macération, ou desséchées pour être employées à quelque autre fabrication).	Odeur très désagréable.	1re	13	9 févr. 1825
Chamoiseurs.	Un peu d'odeur. . . .	2e	80	14 janv. 1815
Chandeliers.	Quelque danger de feu et un peu d'odeur.	2e	81	Idem.
Chantiers de bois à brûler, dans les villes.	Danger du feu exigeant la surveillance de la police.	3e	159	9 févr. 1825
Chanvres (Rouissage du). Voir Routoirs.	Émanation insalubr., infection des eaux. (Fièvres.)	1re	14	14 janv. 1815 et 5 nov. 1826

DÉSIGNATION DES ATELIERS ET ÉTABLISSEMENS insalubres, ou incommodes, ou dangereux.	INDICATION SOMMAIRE de leurs inconvéniens.	CLASSES dans lesquelles ils sont rangés.	NUMÉROS qui leur sont assignés dans la nomenclature à la suite du présent état.	DATES des décret et ordonnances de classement.
Chapeaux (Fabriques de)..	Buée et odeur assez désagréables ; poussière noire occasionée par le battage après la teinture, et portée au loin.	2e	82	14 janv. 1815
Charbon animal (La fabrication ou la révivification du), lorsqu'on n'y brûle pas la fumée.	Odeur très désagréable de matières animales brûlées, portée à une grande distance.	1re	15	9 févr. 1825
Charbon animal (La fabrication ou la révivification du), lorsque la fumée est brûlée.	Odeur toujours sensible, même avec des appareils bien construits.	3e	160	Idem.
Charbon de bois, dans les villes (Les dépôts de).	Danger d'incendie, surtout quand les charbons ont été préparés à vases clos, attendu qu'ils peuvent prendre feu spontanément.	3e	161	Idem.
Charbon de bois fait à vases clos.	Fumée et danger du feu.	2e	83	14 janv. 1815
Charbon de terre (Épurage du), à vases ouverts.	Fumée et odeur très désagréables.	1re	16	Idem.
Charbon de terre épuré, lorsqu'on travaille à vases clos.	Un peu d'odeur et de fumée.	2e	84	Idem.
Châtaignes (Dessication et conservation des).	Très peu d'inconvénient, attendu que c'est une opération de ménage.	2e	85	Idem.
Chaux (Fours à) permanens, étaient primitivement rangés dans la 1re classe.	Grande fumée......	2e	86	29 juil. 1
Chaux (Fours à), ne travaillant pas plus d'un mois par année.	Idem.	3e	162	14 janv. 1815
Chicorée-café (Fabriques de).	Très peu d'inconvénient.	3e	163	9 févr. 1825
Chiffonniers...........	Odeur très désagréable et insalubre.	2e	87	14 janv. 1815

DÉSIGNATION DES ATELIERS ET ÉTABLISSEMENS insalubres, ou incommodes, ou dangereux.	INDICATION SOMMAIRE de leurs inconvéniens.	CLASSES dans lesquelles ils sont rangés.	NUMÉROS qui leur sont assignés dans la nomenclature à la suite du présent état.	DATES des décret et ordonnances de classement.
Chlore, *Acide muriatique oxigéné* (Fabrication du), quand ce produit est employé dans les établissemens mêmes où on le prépare.	Odeur désagréable et incommode quand les appareils perdent, ce qui a lieu de temps à autre.	2e	88	9 févr. 1825
Chlorures alcalins, *Eau de javelle* (Fabrication en grand des), destinés au commerce, aux fabriques.	*Idem.*	1re	17	*Idem.*
Chlorures alcalins, *Eau de javelle* (Fabrication des), quand ces produits sont employés dans les établissemens mêmes où ils sont préparés.	Inconvéniens moindres que ci-dessus, les produits étant moins abondans.	2e	89	*Idem.*
Chromate de plomb (Fabriques de).	Très peu d'inconvénient.	3e	164	*Idem.*
Cire à cacheter (Fabriques de).	Quelque danger du feu.	2e	90	14 janv. 1815
Ciriers.................	Danger du feu......	3e	165	*Idem.*
Colle forte (Fabriques de).	Mauvaise odeur.....	1re	18	*Idem.*
Colles de parchemin et d'amidon (Fabriques de).	Très peu d'inconvénient.	3e	166	*Idem.*
Colle de peau de lapin (Fabriques de).	Un peu de mauvaise odeur.	2e	91	9 févr. 1825
Cordes à instrumens (Fabriques de).	Sans odeur, si les eaux du lavage ont un écoulement convenable, ce qui n'a pas lieu ordinairement.	1re	19	14 janv. 1815
Corne (Travail de la), pour la réduire en feuilles.	Un peu de mauvaise odeur.	3e	167	*Idem.*
Corroyeurs............	Mauvaise odeur.....	2e	92	*Idem.*
Couverturiers..........	Danger causé par le duvet de laine en suspension dans l'air, odeur d'huile rance et de vapeurs sulfureuses, quand les soufroirs sont mal construits.	2e	93	*Idem.*

DÉSIGNATION DES ATELIERS ET ÉTABLISSEMENS insalubres, ou incommodes, ou dangereux.	INDICATION SOMMAIRE de leurs inconvéniens.	CLASSES dans lesquelles ils sont rangés.	NUMÉROS qui leur sont assignés dans la nomenclature à la suite du présent état.	DATES des décret et ordonnances de classement.
Cretonniers...............	Mauvaise odeur et danger du feu.	1re	20	14 janv. 1815
Cristaux (Fabriques de). Voir *Verre.*	Fumée et danger du feu.	1re	64	*Idem.*
Cristaux de soude, *Sous-carbonate de soude cristallisé* (Fabrication de).	Très peu d'inconvénient.	3e	168	*Idem.*
Cuirs vernis (Fabriques de).	Mauvaise odeur et danger du feu.	1re	21	*Idem.*
Cuirs verts (Dépôts de)...	Odeur désagréable et insalubre.	2e	94	*Idem.*
Cuivre (Fonte et laminage du).	Fumée, exhalaisons insalubres et danger du feu.	2e	95	*Idem.*
Débris d'animaux (Dépôts, etc. de). V. *Chairs.*	Odeur très désagréable.	1re	13	9 févr. 1825
Dégraisseurs. Voir *Teinturiers-dégraisseurs.*	Très peu d'inconvénient.	3e	204	14 janv. 1815
Dégras ou huile épaisse à l'usage des tanneurs (Fabriques de).	Odeur très désagréable et danger d'incendie.	1re	22	9 févr. 1825
Doreurs sur métaux......	On a à craindre les maladies des doreurs, le tremblement, etc.; mais ce n'est que pour les ouvriers.	3e	169	14 janv. 1815
Eau de Javelle (Fabrication de l'). Voir *Chlorures alcalins.*	Odeur désagréable et incommode quand les appareils perdent, ce qui a lieu de temps à autre.	1re et 2e	17 et 89	9 févr. 1825
Eau-de-vie (Distilleries d').	Danger du feu.	2e	96	14 janv. 1815
Eau forte (Fabrication de l'). Voir *Acide nitrique.*	Odeur désagréable et incommode quand les appareils perdent, ce qui a lieu de temps à autre.	1re et 2e	1 et 69	14 janv. 1815 et 9 févr. 1825
Eau seconde (Fabrication de l') des peintres en bâtimens, *Alcali caustique en dissolution.*	Très peu d'inconvénient	3e	170	14 janv. 1815
Écarrissage.............	Odeur très désagréable.	1re	23	*Idem.*

DÉSIGNATION DES ATELIERS ET ÉTABLISSEMENS insalubres, ou incommodes, ou dangereux.	INDICATION SOMMAIRE de leurs inconvéniens.	CLASSES dans lesquelles ils sont rangés.	NUMÉROS qui leur sont assignés dans la nomenclature à la suite du présent état.	DATES des décret et ordonnances de classement.
Échaudoirs ou cuisson des abattis des animaux tués pour la boucherie.	Mauvaise odeur. . . .	1re	24	14 janv. 1815
Émaux (Fabriques d'). V. *Verre.*	Fumée.	1re	64	*Idem.*
Encre à écrire (Fabriques d').	Très peu d'inconvénient.	3e	171	*Idem.*
Encre d'imprimerie (Fabriques d').	Odeur très désagréable, et danger du feu.	1re	25	*Idem.*
Engrais (Les dépôts de matières provenant de la vidange des latrines ou des animaux, destinés à servir d'). Voir *Poudrette, Urate.*	Odeur très désagréable et insalubre.	1re	26.	9 févr. 1825
Essayeurs.	Très peu d'inconvénient.	3e	172	14 janv. 1815
Étain (Fabrication des feuilles d').	Peu d'inconvénient, l'opération se faisant au laminoir.	3e	173	*Idem.*
Étoupilles (Fabriques d') préparées avec des poudres ou matières détonnantes et fulminantes. Voir *Poudres fulminantes.*	Tous les dangers de la fabrication des poudres fulminantes.	1re	40	25 juin 1823
Faïence (Fabriques de). .	Fumée au commencement des fournées.	2e	97	14 janv. 1815
Fécule de pommes de terre (Fabriques de).	Mauvaise odeur provenant des eaux de lavage quand elles sont gardées.	3e	174	9 févr. 1825
Fer-blanc (Fabriques de).	Très peu d'inconvénient.	3e	175	14 janv. 1815
Feutres vernis (Fabriques de). Voir *Visières.*	Crainte d'incendie, odeur désagréable.	1re	21	5 nov. 1826
Fonderies au fourneau à la *Wilkinson.*	Fumée et vapeur nuisibles.	2e	98	9 févr. 1825
Fondeurs en grand au fourneau à réverbère.	Fumée dangereuse, surtout dans les fourneaux où l'on traite le plomb, le zinc, le cuivre, etc.	2e	99	14 janv. 1815

DÉSIGNATION DES ATELIERS ET ÉTABLISSEMENS insalubres, ou incommodes, ou dangereux.	INDICATION SOMMAIRE de leurs inconvéniens.	CLASSES dans lesquelles ils sont rangés.	NUMÉROS qui leur sont assignés dans la nomenclature à la suite du présent état.	DATES des décret et ordonnances de classement.
Fondeurs au creuset.....	Un peu de fumée...	3e	176	14 janv. 1815
Forges de grosses œuvres, c'est-à-dire celles où l'on fait usage des moyens mécaniques pour mouvoir soit les marteaux, soit les masses soumises au travail.	Beaucoup de fumée, crainte d'incendie.	2e	99bis	5 nov. 1826
Fourneaux (Hauts-). La formation de ces établissemens est régie par la loi du 21 avril 1810.	Fumée épaisse et danger du feu.	1re	27	14 janv. 1815
Fours à cuire les cailloux destinés à la fabrication des émaux.	Beaucoup de fumée..	2e	99ter	5 nov. 1826
Fromages (Dépôts de)...	Odeur très désagréab.	3e	177	14 janv. 1815
Galipots ou résines du pin (Travail en grand des), soit pour la fonte et l'épuration de ces matières, soit pour en extraire la térébenthine.	Danger du feu et odeur très désagréabl.	1re	28	9 févr. 1825
Galons et tissus d'or et d'argent (Brûleries en grand des).	Mauvaise odeur,.....	2e	100	14 janv. 1815
Gaz hydrogène (Tous les établissemens d'éclairage par le), tant les usines où le gaz est fabriqué, que les dépôts où il est conservé.	Odeur désagréable et fumée pour les seuls ateliers, mais qui s'étendent aux environs de temps à autre.	2e	101	20 août 1824
Gaz (Ateliers pour le grillage des tissus de coton par le). La surveillance de la police locale établie par l'ordonnance du 20 août 1824, pour les ateliers d'éclairage par le gaz, est applicable aux ateliers pour le grillage.	Peu d'inconvénient, l'opération se faisant en petit.	3e	178	9 févr. 1825
Gélatine extraite des os (Fabrication de la) par le moyen des acides et de l'ébullition.	Odeur assez désagr. quand les matières ne sont pas fraîches.	3e	179	Idem.
Genièvre (Distilleries de).	Danger du feu......	2e	102	14 janv. 1815

DÉSIGNATION DES ATELIERS ET ÉTABLISSEMENS insalubres, ou incommodes, ou dangereux.	INDICATION SOMMAIRE de leurs inconvéniens.	CLASSES dans lesquelles ils sont rangés.	NUMÉROS qui leur sont assignés dans la nomenclature à la suite du présent état.	DATES des décret et ordonnances de classement.
Glaces (Étamage des)...	Inconvénient pour les ouvriers seulement, qui sont sujets au tremblement des doreurs.	3e	180	14 janv. 1815
Goudron (Fabrication du).	Très mauvaise odeur et danger du feu.	1re	28	Idem.
Goudron (Fabriques de) à vases clos. Étaient primitivement rangées dans la 2e classe.	Danger du feu, fumée et un peu d'odeur.	1re	28	9 févr. 1825
Goudrons (Travail en grand des), soit pour la fonte et l'épuration de ces matières, soit pour en extraire la térébenthine.	Odeur insalubre et danger du feu.	1re	28	Idem.
Grillage des tissus de coton par le gaz (Ateliers de). Voir *Gaz hydrogène*.	Peu d'inconvénient, l'opération se faisant en petit.	3e	178	Idem.
Hareng (Saurage du)....	Mauvaise odeur.....	2e	103	14 janv. 1815
Hongroyeurs..........	*Idem.*	2e	104	Idem.
Huile de pied de bœuf (Fabriques d').	Mauvaise odeur causée par les résidus.	1re	29	Idem.
Huile de poissons (Fabriques d').	Odeur désagréable et danger du feu.	1re	30	Idem.
Huile de térébenthine et huile d'aspic (Distillation en grand de l').	*Idem.*	1re	31	Idem.
Huile de térébenthine et autres huiles essentielles (Dépôts d'). Doivent être isolés de toute habitation.	Danger du feu, d'autant plus grand, que l'huile peut se volatiliser dans les magasins, et que l'approche d'une lumière détermine l'inflammation.	2e	105	9 févr. 1825
Huile épaisse à l'usage des tanneurs (Fabriques d'). Voir *Dégras*.	Odeur très désagréab. et danger d'incendie.	1re	22	Idem.
Huile rousse (Fabriques d') extraite des crétons et débris de graisse à une haute température.	*Idem.*	1re	32	14 janv. 1815

DÉSIGNATION DES ATELIERS ET ÉTABLISSEMENS insalubres, ou incommodes, ou dangereux.	INDICATION SOMMAIRE de leurs inconvéniens.	CLASSÉS dans lesquelles ils sont rangés.	NUMÉROS qui leur sont assignés dans la no- menclature à la suite du présent état.	DATES des décret et ordonnances de classement.
Huiles (Épuration des) au moyen de l'acide sulfurique.	Danger du feu et mauvaise odeur produite par les eaux d'épuration.	2e	106	14 janv. 1815
Indigoteries.	Cet art qu'on avait essayé en France, n'y existe plus.	2e	107	*Idem.*
Laques (Fabrication des).	Très peu d'inconvén.	3e	181	*Idem.*
Lard (Ateliers à enfumer le).	Odeur et fumée.	2e	108	*Idem.*
Lavoirs des blanchisseurs de profession. Voir *Buanderies.*	. . . .	2e et 3e	75*bis*, 154	5 nov. 1826
Lavoirs à laine (Établissement des).	Doivent être placés sur les rivières et ruisseaux , au-dessous des villes et villages.	3e	182	9 févr. 1825
Lin (Rouissage du). Voir *Routoirs.*	. . . .	1re	14	5 nov. 1826
Liqueurs (Fabrication des).	Danger du feu.	2e	109	14 janv. 1815
Litharge (Fabrication de la).	Exhalaisons dangereuses.	1re	33	*Idem.*
Lustrage des peaux.	Très peu d'inconvénient.	3e	182*bis*	5 nov. 1826
Machines à feu à haute pression, ou celles dans lesquelles la force élastique de la vapeur fait équilibre à plus de deux atmosphères, lors même qu'elles brûleraient complètement leur fumée. Voir *Pompe à feu.*	Fumée, attendu qu'il n'y en a jusqu'à présent aucune qui la brûle complètement; danger d'explosion des chaudières.	2e	110	29 octob. 1823
Maroquiniers.	Mauvaise odeur.	2e	111	14 janv. 1815
Massicot (Fabrication du), première préparation du plomb pour le convertir en minium.	Exhalaisons dangereuses.	1re	34	*Idem.*
Mégissiers.	Mauvaise odeur.	2e	112	*Idem.*
Ménageries.	Danger de voir les animaux s'échapper des cages.	1re	35	*Idem.*

DÉSIGNATION des ateliers et établissemens insalubres, ou incommodes, ou dangereux.	INDICATION sommaire de leurs inconvéniens.	CLASSES dans lesquelles ils sont rangés.	NUMÉROS qui leur sont assignés dans la nomenclature à la suite du présent état.	DATES des décret et ordonnances de classement.
Minium (Fabrication du), préparation de plomb pour les potiers, faïenciers, fabricans de cristaux, etc.	Exhalais, moins dangereuses que celles du massicot.	1re	36	14 janv. 1815
Moulins à broyer le plâtre, la chaux et les cailloux.	Bruit. Ce travail étant fait par la voie sèche, a des inconvéniens graves pour la santé des ouvriers, et même un peu pour le voisinage. *Nota.* Le broiement des cailloux pourrait se faire par la voie humide.	2e	113	9 févr. 1825
Moulins à farine, dans les villes.	Bruit et poussière...	2e	114	*Idem.*
Moulins à huile.........	Un peu d'odeur et quelque danger du feu.	3e	183	14 janv. 1815
Noir de fumée (Fabrication du).	Danger du feu......	2e	115	*Idem.*
Noir d'ivoire et noir d'os (Fabrication du), lorsqu'on n'y brûle pas la fumée.	Odeur très désagréable de matières animales brûlées, portée à une grande distance.	1re	37	*Idem.*
Noir d'ivoire et noir d'os (Fabrication du), lorsqu'on brûle la fumée.	Odeur toujours sensible, même avec des appareils bien construits.	2e	116	*Idem.*
Ocre jaune (Calcination de l'), pour le convertir en ocre rouge.	Un peu de fumée...	3e	184	*Idem.*
Or et argent (Affinage de l'), au moyen du départ et du fourneau à vent.	Cet art n'existe plus.	2e	117	*Idem.*
Orseille (Fabrication de l').	Odeur désagréable..	1re	38	*Idem.*
Os (Blanchîment des), pour les éventaillistes et les boutonniers.	Très peu d'inconvénient, le blanchîment se faisant par la vapeur et par la rosée.	2e	118	*Idem.*

DÉSIGNATION DES ATELIERS ET ÉTABLISSEMENS insalubres, ou incommodes, ou dangereux.	INDICATION SOMMAIRE de leurs inconvéniens.	CLASSES dans lesquelles ils sont rangés.	NUMÉROS qui leur sont assignés dans la nomenclature à la suite du présent état.	DATES des décret et ordonnances de classement.
Os d'animaux (Calcination d'). Voir *Calcination d'os.*	Odeur très désagréable de matières animales brûlées, portée à une grande distance.	1re et 2e	10 et 76	9 févr. 1825
Papiers (Fabriques de)..	Danger du feu......	2e	119	14 janv. 1815
Papiers peints et papiers marbrés (Fabriques de).	*Idem.*	3e	185	*Idem.*
Parcheminiers..........	Un peu d'odeur désagréable.	2e	120	*Idem.*
Phosphore (Fabriques de).	Crainte d'incendie..	2e	120*bis*	5 nov. 1826
Pipes à fumer (Fabrication des).	Fumée comme dans les petites fabriques de faïence.	2e	121	14 janv. 1815
Plâtre (Fours à) permanens. Étaient primitivement rangés dans la 1re classe.	Fumée considérable, bruit et poussière.	2e	122	29 juill. 1818
Plâtre (Fours à) ne travaillant pas plus d'un mois par année.	*Idem*, dans la proportion du travail.	3e	186	14 janv. 1815
Plomb (Fonte du) et laminage de ce métal.	Très peu d'inconvén.	2e	123	*Idem.*
Plomb de chasse (Fabrication du).	*Idem.*	3e	187	*Idem.*
Plombiers et Fontainiers.	Très peu d'inconvén.	3e	188	*Idem.*
Poêliers - fournalistes. — Poêles et fourneaux en faïence et terre cuite (Fabrication des).	Fumée dans le commencement de la fournée.	2e	124	*Idem.*
Pompes à feu à basse pression, ne brûlant pas la fumée. (Reportées implicitement par l'ordonnance du 29 octob. 1823, dans la 2e classe.) Voir *Machines à feu.*	Fumée par intervalles.	»	110	»
Pompes à feu à basse pression, brûlant leur fumée.	Jusqu'à présent ne la brûlent pas complètement.	3e	189	*Idem.*
Porcelaine (Fabrication de la).	Fumée dans le commencement du *petit feu* et danger d'incendie.	2e	125	*Idem.*

DÉSIGNATION DES ATELIERS ET ÉTABLISSEMENS insalubres, ou incommodes, ou dangereux.	INDICATION SOMMAIRE de leurs inconvéniens.	CLASSES dans lesquelles ils sont rangés.	NUMÉROS qui leur sont assignés dans la nomenclature à la suite du présent état.	DATES des décret et ordonnances de classement.
Porcheries................	Très mauvaise odeur et cris désagréables.	1re	39	14 janv. 1815
Potasse (Fabriques de)..	Très peu d'inconvén.	3e	190	Idem.
Potiers d'étain..........	Idem.	3e	191	Idem.
Potiers de terre.........	Fumée au petit feu.	2e	126	Idem.
Poudres ou matières détonnantes et fulminantes (Fabriques de), la fabrication d'allumettes, d'étoupilles ou autres objets du même genre, préparés avec ces sortes de poudres ou matières.	Explosion et danger d'incendie.	1re	40	25 juin 1823
Poudrette...............	Très mauvaise odeur.	1re	41	14 janv 1815
Précipité du cuivre (Fabrication de). Voir Cendres bleues.	Très peu d'inconvén.	3e	158	Idem.
Résines (Le travail en grand des), soit pour la fonte et l'épuration de ces matières, soit pour en extraire la térébenthine.	Mauvaise odeur et danger du feu.	1re	28	9 févr. 1825
Résineuses (Le travail en grand de toutes les matières), soit pour la fonte et l'épuration de ces matières, soit pour en extraire la térébenthine.	Idem.	1re	28	Idem.
Rogues (Dépôts des salaisons liquides, connues sous le nom de).	Odeur désagréable. .	2e	126bis	5 nov. 1826
Rouge de Prusse (Fabriques de) à vases ouverts.	Exhalaisons désagréables et nuisibles à la végétation, quand il est fabriqué avec le sulfate de fer (couperose verte).	1re	42	14 janv. 1815
Rouge de Prusse (Fabriques de) à vases clos.	Un peu d'odeur nuisible et un peu de fumée.	2e	127	Idem.
Routoirs servant au rouissage en grand du chanvre et du lin , par leur séjour dans l'eau.	Émanations insalubres , infection des eaux.	1re	14	14 janv. 1815 et 5 nov. 1826

DÉSIGNATION DES ATELIERS ET ÉTABLISSEMENS insalubres, ou incommodes, ou dangereux.	INDICATION SOMMAIRE de leurs inconvéniens.	CLASSES dans lesquelles ils sont rangés.	NUMÉROS qui leur sont assignés dans la nomenclature a la suite du présent état.	DATES des décret et ordonnances de classement.
Sabots (Ateliers à enfumer les), dans lesquels il est brûlé de la corne ou d'autres matières animales, dans les villes.	Mauvaise odeur et fumée.	1re	43	9 févr. 1825
Sabots (Ateliers à enfumer les).	Fumée.	3e	192	14 janv. 1815
Salaison (Ateliers pour la) et le saurage des poissons.	Odeur très désagréab.	2e	128	9 févr. 1825
Salaisons (Dépôts de). . . .	Odeur désagréable. . .	2e	129	14 janv. 1815
Salpêtre (Fabrication et raffinage du).	Fumée et danger du feu.	3e	193	Idem.
Sang des animaux, destiné à la fabrication du bleu de Prusse (Dépôts et ateliers pour la cuisson ou la dessication du).	Odeur très désagréable, surtout si le sang conservé n'est pas à l'état sec.	1re	44	9 févr. 1825
Savonneries	Buée, fumée et odeur désagréable.	3e	194	14 janv. 1815
Sel (Raffineries de)	Très peu d'inconvén.	3e	195	Idem.
Sel ammoniac ou *niuriate d'ammoniac* (Fabrication du) par le moyen de la distillation des matières animales.	Odeur très désagréab. et portée au loin.	1re	45	Idem.
Sel de Saturne (Fabrication du). Voir *Acétate de plomb*.	Quelq. inconvéniens, mais seulement pour la santé des ouvriers.	3e	144	Idem.
Sel de soude sec (Fabrication du). *Sous-carbonate de soude sec*.	Un peu de fumée . . .	3e	196	Idem.
Sel ou muriate d'étain (Fabrication du).	Odeur très désagréab.	2e	130	Idem.
Soude (Fabrication de la) ou décomposition du sulfate de soude.	Fumée.	3e	197	Idem.
Soufre (Fabrication des fleurs de)	Grand danger du feu et odeur désagréabl.	1re	46	9 févr. 1825
Soufre (fusion du), pour le couler en canons, et épuration de cette même matière par fusion et décantation.	Idem.	2e	131	Idem.
Soufre (Distillation du). .	Idem.	1re	47	14 janv. 1815

DÉSIGNATION DES ATELIERS ET ÉTABLISSEMENS insalubres, ou incommodes, ou dangereux.	INDICATION SOMMAIRE de leurs inconvéniens.	CLASSES dans lesquelles ils sont rangés.	NUMÉROS qui leur sont assignés dans la nomenclature à la suite du présent état.	DATES des décret et ordonnances de classement.
Sucre (Raffineurs de).....	Fumée, buée et mauvaise odeur.	2e	132	14 janv. 1815
Suif brun (Fabrication du).	Odeur très désagréable et danger du feu.	1re	48	*Idem.*
Suif en branche (Fonderies de), à feu nu.	Odeur désagréable et danger du feu.	1re	49	*Idem.*
Suif (Fonderies de) au bain-marie ou à la vapeur.	Quelque danger du feu.	2e	133	*Idem.*
Suif d'os (Fabrication du).	Mauvaise odeur ; nécessité d'écouler les eaux.	1re	50	*Idem.*
Sulfate d'ammoniac (Fabricat. du), par le moyen de la distillation des matières animales.	Odeur très désagréable et portée au loin.	1re	51	*Idem.*
Sulfate de cuivre (Fabrication du), au moyen du soufre et du grillage.	Exhalaisons désagréables et nuisibles à la végétation.	1re	52	*Idem.*
Sulfate de cuivre (Fabrication du), au moyen de l'acide sulfurique et de l'oxide de cuivre ou du carbonate de cuivre.	Très peu d'inconvén.	3e	198	*Idem.*
Sulfate de potasse (Raffinage du).	Très peu d'inconvén.	3e	199	*Idem.*
Sulfate de soude (Fabrication du), à vases ouverts.	Exhalaisons désagréables, nuisibles à la végétation, et portées à de grandes distances.	1re	53	*Idem.*
Sulfate de soude (Fabrication du), à vases clos.	Un peu d'odeur et de fumée.	2e	134	*Idem.*
Sulfates de fer et d'alumine ; extraction de ces sels des matériaux qui les contiennent tout formés, et transformation du sulfate d'alumine en alun.	Fumée et buée.....	3e	200	*Idem.*
Sulfates de fer et de zinc (Fabrication des), lorsqu'on forme ces sels de toutes pièces avec l'acide sulfurique et les substances métalliques.	Un peu d'odeur désagréable.	2e	135	*Idem.*

DÉSIGNATION DES ATELIERS ET ÉTABLISSÉMENS insalubres, ou incommodes, ou dangereux.	INDICATION SOMMAIRE de leurs inconvéniens.	CLASSES dans lesquelles ils sont rangés.	NUMÉROS qui leur sont assignés dans la nomenclature à la suite du présent état.	DATES des décret et ordonnances de classement.
Sulfures métalliques (Grillage des), en plein air.	Exhalaisons désagréables et nuisibles à la végétation.	1re	54	14 janv. 1815
Sulfures métalliques (Grillage des), dans les appareils propres à tirer le soufre et à utiliser l'acide sulfureux qui se dégage.	Un peu d'odeur désagréable.	2e	136	Idem.
Sirop de fécule de pommes de terre (Extraction du).	Nécessité d'écouler les eaux.	3e	201	9 févr. 1825
Tabac (Fabriques de)....	Odeur très désagréab.	2e	137	14 janv. 1815
Tabac (Combustion des côtes du) en plein air.)	Idem.	1re	55	Idem.
Tabatières en carton (Fabrication des).	Un peu d'odeur désagréable et danger du feu.	2e	138	Idem.
Taffetas cirés (Fabriques de).	Danger du feu et mauvaise odeur.	1re	56	Idem.
Taffetas et toiles vernis (Fabriques de).	Idem.	1re	57	Idem.
Tanneries............	Mauvaise odeur.....	2e	139	Idem.
Tartre (Raffinage du)....	Très peu d'inconvén.	3e	202	Idem.
Teinturiers..........	Buée et odeur désagréable quand les soufroirs sont mal construits.	3e	203	Idem.
Teinturiers dégraisseurs..	Très peu d'inconvén.	3e	204	Idem.
Térébenthine (Travail en grand pour l'extraction de la). Voir Goudrons.	Odeur insalubre et danger du feu.	1re	28	9 févr. 1825
Tissus d'or et d'argent (Brûleries en grand des). Voir Galons.	Mauvaise odeur....	2e	100	14 janv. 1815
Toile cirée (Fabriques de).	Danger du feu et mauvaise odeur.	1re	58	9 févr. 1825
Toiles peintes (Ateliers de).	Mauvaise odeur et danger du feu.	3e	205	Idem.
Toiles vernies (Fabrication des). Voir Taffetas vernis.	Idem.	1re	57	14 janv. 1815
Tôle vernie...........	Idem.	2e	141	9 févr. 1825
Tourbe (Carbonisation de la) à vases ouverts.	Très mauvaise odeur et fumée.	1re	59	14 janv. 1815

DÉSIGNATION DES ATELIERS ET ÉTABLISSEMENS insalubres, ou incommodes, ou dangereux.	INDICATION SOMMAIRE de leurs inconvéniens.	CLASSES dans lesquelles ils sont rangés.	NUMÉROS qui leur sont assignés dans la nomenclature à la suite du présent état.	DATES des décret et ordonnances de classement.
Tourbe (Carbonisation de la) à vases clos.	Odeur désagréable..	2e	142	14 janv. 1815
Tripiers................	Mauvaise odeur et nécessité d'écoulement des eaux.	1re	60	Idem.
Tueries, dans les villes dont la population excède 10,000 âmes.	Danger de voir les animaux s'échapper, mauvaise odeur.	1re	61	Idem.
Tueries, dans les communes dont la population est au-dessous de 10,000 habitans.	Idem.	3e	206	Idem.
Tuileries et briqueteries..	Fumée épaisse pendant le petit feu.	2e	143	Idem.
Urate (Fabrication d'), mélange de l'urine avec la chaux, le plâtre et les terres.	Odeur désagréable..	1re	62	9 févr. 1825
Vacheries, dans les villes dont la population excède 5,000 habitans.	Mauvaise odeur.....	3e	207	14 janv. 1815
Verdet (Fabrication du). Voir Vert-de-gris.	Très peu d'inconvén.	3e	208	Idem.
Vernis (Fabriques de)....	Très grand danger du feu et odeur désagr.	1re	63	Idem.
Verre, cristaux et émaux (Fabriques de); l'établissement des verreries proprement dites, usines destinées à la fabrication du verre en grand, est régi par la loi du 21 avril 1810.	Grande fumée et danger du feu.	1re	64	Idem.
Vert-de-gris et Verdet (Fabrication du).	Très peu d'inconvén.	3e	208	Idem.
Viandes (Salaison et préparation des).	Légère odeur.......	3e	209	Idem.
Vinaigre (Fabrication du).	Très peu d'inconvén.	3e	210	Idem.
Visières et feutres vernis (Fabriques de).	Odeurs désagréables, crainte d'incendie.	1re	21	5 nov. 1826
Voiries et dépôts de boue ou de toute autre sorte d'immondices.	Odeur très désagréable et insalubre.	1re	65	9 févr. 1825

NOMENCLATURE

DES ATELIERS ET ÉTABLISSEMENS INSALUBRES

OU INCOMMODES, OU DANGEREUX,

Distribuée en trois classes, conformément au décret et aux ordonnances dont les dates sont rappelées à la fin du titre de l'état général précédent.

ATELIERS ET ÉTABLISSEMENS DE 1re CLASSE.

Nos		
1	Acide nitrique, *Eau forte* (Fabrication de l')..	Voir le n° 69, 2e classe.
2	Acide pyroligneux (Fabriques d'), lorsque les gaz se répandent dans l'air sans être brûlés.	Voir le n° 70, 2e classe.
3	Acide sulfurique (Fabrication de l').	
4	Affinage de l'or ou de l'argent par l'acide sulfurique, quand les gaz dégagés pendant cette opération sont versés dans l'atmosphère.	Voir les nos 72 et 117, 2e classe.
5	Affinage de métaux au fourneau à manche, au fourneau à coupelle, ou au fourneau à réverbère.	
6	Amidonniers.	
7	Artificiers.	
8	Bleu de Prusse (Fabriques de), lorsqu'on n'y brûlera pas la fumée et le gaz hydrogène sulfuré.	Voir le n° 75, 2e classe.
9	Boyaudiers.	
10	Calcination d'os d'animaux, lorsqu'on n'y brûle pas la fumée.	Voir le n° 76, 2e classe.
11	Cendres d'orfèvre (Traitement des) par le plomb.	Voir le n° 78, 2e classe.
12	Cendres gravelées (Fabrication des), lorsqu'on laisse répandre la fumée au dehors.	Voir le n° 79, 2e classe.
13	Chairs ou débris d'animaux, les dépôts, les ateliers, ou les fabriques où ces matières sont préparées par la macération, ou desséchées pour être employées à quelque autre fabrication.	
14	Chanvre et du lin (Routoirs servant au rouissage du) en grand, par leur séjour dans l'eau.	
15	Charbon animal (Fabrication ou revivification du), lorsqu'on n'y brûle pas la fumée.	Voir le n° 160, 3e classe.
16	Charbon de terre (Épurage du) à vases ouverts...	Voir le n° 84, 2e classe.
"	Chaux (Fours à) permanens...............	Reportés à la 2e classe. Voir le n° 86.
17	Chlorures alcalins, *Eau de Javelle* (Fabrication en grand des) destinés au commerce, aux fabriques.	Voir le n° 89, 2e classe.
18	Colle forte (Fabriques de).	
19	Cordes à instrumens (Fabriques de).	
20	Cretonniers.	
21	Cuirs vernis, visières et feutres vernis (Fabriq. de).	

N.ᵒˢ		
22	Dégras ou huile épaisse à l'usage des tanneurs (Fabriques de).	
23	Écarrissage.	
24	Échaudoirs ou cuisson des abattis des animaux tués pour la boucherie.	
25	Encre d'imprimerie (Fabriques d')..........	Voir, pour l'*Encre à écri-re*, le n° 171, 3ᵉ classe.
26	Engrais (Les dépôts de matières provenant de la vidange des latrines ou des animaux, destinées à servir d').	Voir les n°ˢ 41 et 62, 1ʳᵉ classe, *Poudrette* et *Urate*.
27	Fourneaux (Hauts-).....................	La formation de ces éta-blissemens est régie par la loi du 21 avril 1810.
28	Goudrons, résines, galipots, arcansons, et toute autre matière résineuse (Fabrication des), ou travail en grand, soit pour la fonte et l'épura-tion de ces matières, soit pour en extraire la térébenthine.	La fabrication du goudron à *vases clos* était primi-tivement rangée dans la 2ᵉ classe.
29	Huile de pied de bœuf (Fabriques d').	
30	Huile de poisson (Fabriques d').	
31	Huile de térébenthine et huile d'aspic (Distilla-tion en grand d').	
32	Huile rousse (Fabrication d') extraite des cretons, et débris de graisse à une haute température.	
33	Litharge (Fabrication de la).	
34	Massicot (Fabriques de), première préparation du plomb pour le convertir en minium.	
35	Ménageries.	
36	Minium (Fabrication du), préparation de plomb pour les potiers, faïenciers, fabricans de cris-taux, etc.	
37	Noir d'ivoire et noir d'os (Fabriques de), lorsqu'on n'y brûle pas la fumée.	Voir le n° 116, 2ᵉ classe.
38	Orseille (Fabrication de l').	
"	Plâtre (Fours à) permanens.................	Reportés à la 2ᵉ classe. Voir le n° 122.
"	Pompes à feu à basse pression, ne brûlant pas la fumée.	Reportées implicitement, par l'ordonnance du 29 oc-tobre 1823, dans la 2ᵉ cl. Voir le n° 110, *Machines à feu.*
39	Porcheries.	
40	Poudres ou matières détonnantes et fulminantes (Fabriques de); la fabrication d'allumettes, d'étoupilles, ou autres objets du même genre préparés avec ces sortes de poudres ou matières.	
41	Poudrette............................	Voir les n°ˢ 26 et 62, 1ʳᵉ classe, *Engrais* et *Urate*.
42	Rouge de Prusse (Fabriques de) à vases ouverts.	Voir le n° 127, 2ᵉ classe.
"	Routoirs............................	Voir le n° 14, 1ʳᵉ classe.
43	Sabots (Ateliers à enfumer les), dans lesquels il	Voir le n° 192, 3ᵉ classe.

Nᵒˢ		
	est brûlé de la corne ou d'autres matières animales, dans les villes.	
44	Sang des animaux, destiné à la fabrication du bleu de Prusse (Dépôts et ateliers pour la cuisson et la dessiccation du).	
45	Sel ammoniac ou muriate d'ammoniac (Fabrication du) par le moyen de la distillation des matières animales.	
46	Soufre (Fabrication des fleurs de).	
47	Soufre (Distillation du).	
48	Suif brun (Fabrication du)...................	Voir le nᵒ 133, 2ᵉ classe.
49	Suif en branche (Fonderies de), à feu nu......	Voir le nᵒ 133, 2ᵉ classe.
50	Suif d'os (Fabrication du).	
51	Sulfate d'ammoniac (Fabrication du) par le moyen de la distillation des matières animales.	
52	Sulfate de cuivre (Fabrication du) au moyen du soufre et du grillage.	Voir le nᵒ 198, 3ᵉ classe.
53	Sulfate de soude (Fabrication du), à vases ouverts.	Voir le nᵒ 134, 2ᵉ classe.
54	Sulfures métalliques (Grillage des) en plein air...	Voir le nᵒ 136, 2ᵉ classe.
55	Tabac (Combustion des côtes du) en plein air.	
56	Taffetas cirés (Fabriques de).	
57	Taffetas et toiles vernis (Fabrication des).	
58	Toile cirée (Fabriques de).	
59	Tourbe (Carbonisation de la) à vases ouverts....	Voir le nᵒ 142, 2ᵉ classe.
60	Tripiers.	
61	Tueries, dans les villes dont la population excède dix milles âmes.	Voir le nᵒ 206, 3ᵉ classe.
62	Urate (Fabriques d').....................	Voir les nᵒˢ 26 et 41, 1ʳᵉ cl., *Engrais* et *Poudrette*.
63	Vernis (Fabriques de).	
64	Verre, cristaux et émaux (Fabriques de)......	L'établissement des verreries proprement dites, usines destinées à la fabrication du verre en grand, est régi par la loi du 21 avril 1810.
"	Visières et feutres vernis (Fabriques de)......	Voir le nᵒ 21, 1ʳᵉ classe.
65	Voiries et dépôts de boue ou de toute autre sorte d'immondices.	

ATELIERS ET ÉTABLISSEMENS DE 2ᵉ CLASSE.

Nᵒˢ		
66	Absinthe (Distilleries d'extrait ou esprit d').	
67	Acide muriatique (Fabrication de l') à vases clos.	Voir le nᵒ 88, 2ᵉ classe, *Chlore*.
68	Acide muriatique oxigéné (Fabrication de l')...	Voir le nᵒ 88, 2ᵉ classe, *Chlore*.
69	Acide nitrique, *Eau forte* (Fabrication de l') par la décomposition du salpêtre, au moyen de l'acide sulfurique, dans l'appareil de *Wolf*.	Voir le nᵒ 1ᵉʳ, 1ʳᵉ classe.

N.ᵒˢ		
70	Acide pyroligneux (Fabriques d'), lorsque les gaz sont brûlés.	Voir le nᵒ 2, 1ʳᵉ classe.
71	Acier (Fabriques d').	
72	Affinage de l'or ou de l'argent, par l'acide sulfurique, quand les gaz dégagés par cette opération sont condensés.	Voir le nᵒ 4, 1ʳᵉ classe, et le nᵒ 117, 2ᵉ classe.
73	Bitume en planche (Fabriques de).	
73ᵇ	Blanc de baleine (Raffineries de).............	Voir le nᵒ 150, 3ᵉ classe.
74	Blanc de plomb ou de céruse (Fabriques de).	
74ᵇ	Blanchîment des tissus et des fils de laine ou de soie, par le gaz ou l'acide sulfureux.	
140	Blanchîment des toiles et fils de chanvre, de lin et de coton, par le chlore.	Voir le nᵒ 146 *bis*, 3ᵉ cl.
75	Bleu de Prusse (Fabriques de), lorsqu'elles brûlent leur fumée et le gaz hydrogène sulfuré, etc.	Voir le nᵒ 8, 1ʳᵉ classe.
75ᵇ	Buanderies des blanchisseurs de profession, et les *lavoirs* qui en dépendent, quand ils n'ont pas un écoulement constant de leurs eaux.	Voir le nᵒ 154, 3ᵉ classe.
76	Calcination d'os d'anim., lorsque la fumée est brûl.	Voir le nᵒ 10, 1ʳᵉ classe.
77	Cartonniers.	
78	Cendres d'orfèvre (Traitement des) par le mercure et la distillation des amalgames.	Voir le nᵒ 11, 1ʳᵉ classe.
79	Cendres gravelées (Fabriques de), lorsqu'on brûle la fumée, etc.	Voir le nᵒ 12, 1ʳᵉ classe.
80	Chamoiseurs.	
81	Chandeliers.	
82	Chapeaux (Fabriques de).	
83	Charbon de bois fait à vases clos.	
84	Charbon de terre épuré, lorsqu'on trav. à vases cl.	Voir le nᵒ 16, 1ʳᵉ classe.
85	Châtaignes (Conservation et dessiccation des).	
86	Chaux (Fours à) permanens.................	Étaient primitivement rangés dans la 1ʳᵉ classe. Voir le nᵒ 162, 3ᵉ classe.
87	Chiffonniers.	
88	Chlore, *Acide muriatique oxigéné* (Fabrication du), quand ce produit est employé dans les établissemens mêmes où on le prépare.	Voir les nᵒˢ 67 et 68, 2ᵉ classe, *Acide muriatique*.
89	Chlorures alcalins, *Eau de Javelle* (Fabrication des), quand ces produits sont employés dans les établissemens mêmes où ils sont préparés.	Voir le nᵒ 17, 1ʳᵉ classe.
90	Cire à cacheter (Fabriques de).	
91	Colle de peau de lapin (Fabriques de).	
92	Corroyeurs.	
93	Couverturiers.	
94	Cuirs verts (Dépôts de).	
95	Cuivre (Fonte et laminage du).	
96	Eau-de-vie (Distillerie d').	
97	Faïence (Fabriques de).	

Nos		
98	Fonderies au fourneau à la Wilkinson.	
99	Fondeurs en grand, au fourneau à réverbère...	Voir le nº 176, 3e classe.
99b	Forges de grosses œuvres, c'est-à-dire celles où l'on fait usage de moyens mécaniques pour mouvoir soit les marteaux, soit les masses soumises au travail.	
99t	Four à cuir les cailloux destinés à la fabrication des émaux.	
100	Galons et tissus d'or et d'argent (Brûleries en grand des).	
101	Gaz hydrogène (Tous les établissemens d'éclairage par le), tant les usines où le gaz est fabriqué, que les dépôts où il est conservé.	
102	Genièvre (Distillerie de).	
"	Goudron (Fabriques de) à vases clos..........	Reporté à la 1re classe. Voir le nº 28.
103	Hareng (Saurage du).	
104	Hongroyeurs.	
105	Huiles de térébenthine et autres huiles essentielles (Dépôts d').	Doivent être isolés de toute habitation.
106	Huiles (Épuration des) au moyen de l'acide sulfurique.	
107	Indigoteries.	
108	Lard (Ateliers à enfumer le).	
109	Liqueurs (Fabrication des).	
110	Machines à feu à haute pression, ou celles dans lesquelles la force élastique de la vapeur fait équilibre à plus de deux atmosphères, lors même qu'elles brûleraient complètement leur fumée.	Voir le nº 189, 3e classe, *Pompes à feu.*
111	Maroquiniers.	
112	Mégissiers	
113	Moulins à broyer le plâtre, la chaux et les cailloux.	
114	Moulins à farine, dans les villes.	
115	Noir de fumée (Fabrication du).	
116	Noir d'ivoire et noir d'os (Fabrication du), lorsqu'on brûle la fumée.	Voir le nº 37, 1re classe.
117	Or et argent (Affinage de l') au moyen du départ et du fourneau à vent.	Voir le nº 4, 1re classe, et le nº 72, 2e classe.
118	Os (Blanchîment des) pour les éventaillistes et les boutonniers.	
119	Papiers (Fabriques de).	
120	Parcheminiers.	
120b	Phosphore (Fabriques de).................	Voir le nº 153 *bis*, 3e classe.
121	Pipes à fumer (Fabrication des).	
122	Plâtre (Fours à) permanens................	Étaient primitivement dans la 1re classe. Voir le nº 186, 3e classe.

Nos		
123	Plomb (Fonte du), et laminage de ce métal.	
124	Poêliers-fournalistes. — Poêles et fourneaux en faïence et terre cuite (Fabrication des).	
125	Porcelaine (Fabrication de la).	
126	Potiers de terre.	
126ᵇ	Rogues (Dépôts de salaisons liquides, connus sous le nom de).	
127	Rouge de Prusse (Fabriques de).............	Voir le n° 42, 2ᵉ classe.
128	Salaison (Ateliers pour la) et le saurage des poissons.	
129	Salaisons (Dépôts de).	
130	Sel ou muriate d'étain (Fabrication du).	
131	Soufre (Fusion du) pour le couler en canons, et épuration de cette même matière par fusion ou décantation.	
132	Sucre (Raffineries de).	
133	Suif (Fonderies de) au bain-marie ou à la vapeur.	Voir les nᵒˢ 48 et 49, 1ʳᵉ classe.
134	Sulfate de soude (Fabrication du) à vases clos...	Voir le n° 53, 1ʳᵉ classe.
135	Sulfates de fer et de zinc (Fabrication des), lorsqu'on forme ces sels de toutes pièces avec l'acide sulfurique et les substances métalliques.	
136	Sulfures métalliques (Grillage des) dans les appareils propres à tirer le soufre ou à utiliser l'acide sulfureux qui se dégage.	Voir le n° 54, 1ʳᵉ classe.
137	Tabac (Fabriques de).	
138	Tabatières en carton (Fabrication des).	
139	Tanneries.	
140	Toiles (Blanchîment des)................	Voir au mot *Blanchîm.*
141	Tôle vernie (Fabriques de).	
142	Tourbe (Carbonisation de la) à vases clos.......	Voir le n° 59, 1ʳᵉ classe.
143	Tuileries et briqueteries.............	Voir le n° 153, 3ᵉ classe.

ATELIERS ET ÉTABLISSEMENS DE 3ᵉ CLASSE.

Nos		
144	Acétate de plomb, *Sel de Saturne* (Fabrication de l').	
144ᵇ	Acide acétique (Fabrication de l')...........	Les fabriques d'acide pyroligneux continuent d'appartenir à la 1ʳᵉ ou à la 2ᵉ classe, où les a placées l'ordonnance du 14 janvier 1815, suivant les procédés dont on y fait usage.
144ᶜ	Acide tartareux (Fabrication de l').	
145	Batteurs d'or et d'argent.	
146	Blanc d'Espagne (Fabriques de).	
146ᵇ	Blanchîment de toiles et fils de chanvre, de lin ou de coton, par les chlorures alcalins.	Voir le n° 140, 2ᵉ classe.

Nos		
147	Bois dorés (Brûleries des).	
148	Borax artificiel (Fabriques de).	
149	Borax (Raffinage du).	
150	Bougie de blanc de baleine (Fabriques de).	
151	Boutons métalliques (Fabrication des).	
152	Brasseries.	
153	Briqueteries ne faisant qu'une seule fournée en plein air, comme on le fait en Flandre.	Voir le n° 143, 2e classe, *Tuileries.*
153b	Briquets phosphoriques et briquets oxigénés (Fabriques de)	Voir le n° 120 *bis*, 2e classe.
154	Buanderies des blanchisseurs de profession, et les *lavoirs* qui en dépendent, quand ils ont un écoulement constant de leurs eaux.	Voir le n° 75 *bis*, 2e classe.
155	Camphre (Préparation et raffinage du).	
156	Caractères d'imprimerie (Fonderies de).	
156b	Caramel en grand (Fabriques de).	
157	Cendres (Laveurs de).	
158	Cendres bleues et autres précipités du cuivre (Fabrication des).	
159	Chantiers de bois à brûler, dans les villes.	
160	Charbon animal (Fabrication ou revivification du), lorsque la fumée est brûlée.	Voir le n° 15, 1re classe.
161	Charbon de bois (Dépôts de), dans les villes.	
162	Chaux (Fours à), ne travaillant pas plus d'un mois par année.	Voir le n° 86, 2e classe.
163	Chicorée-café (Fabriques de).	
164	Chromate de plomb (Fabriques de).	
165	Ciriers.	
166	Colles de parchemin et d'amidon (Fabriques de).	
167	Corne (Travail de la) pour la réduire en feuilles.	
168	Cristaux de soude, *Sous-carbonate de soude cristallisé* (Fabrication de).	
169	Doreurs sur métaux.	
170	Eau seconde (Fabrication de l') des peintres en bâtimens, *Alcali caustique en dissolution.*	
171	Encre à écrire (Fabriques d')................	Voir, pour l'*Encre d'imprimerie*, le n° 25, 1re classe.
172	Essayeurs.	
173	Étain (Fabrication des feuilles d').	
174	Fécules de pommes de terre (Fabriques de).	
175	Fer-blanc (Fabriques de).	
176	Fondeurs au creuset......................	Voir, pour les *Fondeurs en grand au fourneau à réverbère*, le n° 99, 2e classe.
177	Fromages (Dépôts de).	

Nᵒˢ		
178	Gaz (Ateliers pour le grillage des tissus de coton par le).	La surveillance de la police locale établie par l'ordonnance du 20 août 1824, pour les ateliers d'éclairage par le gaz, est applicable aux ateliers pour le grillage.
179	Gélatine extraite des os (Fabrication de la) par le moyen des acides et de l'ébullition.	
180	Glaces (Étamage des).	
181	Laques (Fabrication des).	
182	Lavoirs à laine (Établissement des).	
182ᵇ	Lustrage des peaux.	
183	Moulin à huile.	
184	Ocre jaune (Calcination de l') pour le convertir en ocre rouge.	
185	Papiers peints et papiers marbrés (Fabriques de).	
186	Plâtre (Fours à) ne travaillant pas plus d'un mois par année.	Voir le nº 122, 2ᵉ classe.
187	Plomb de chasse (Fabrication du).	
188	Plombiers et Fontainiers.	
189	Pompes à feu à basse pression, brûlant leur fumée.	Voir le nº 110, 2ᵉ classe, *Machines à feu.*
190	Potasse (Fabriques de).	
191	Potiers d'étain.	
192	Sabots (Ateliers à enfumer les)...............	Voir le nº 43, 1ʳᵉ classe.
193	Salpêtre (Fabrication et raffinage du).	
194	Savonneries.	
195	Sel (Raffineries de).	
196	Sel de soude sec , *Sous-carbonate de soude sec* (Fabrication du).	
197	Soude (Fabrication de la), ou décomposition du sulfate de soude.	
198	Sulfate de cuivre (Fabrication du) au moyen de l'acide sulfurique et de l'oxide de cuivre, ou du carbonate de cuivre.	Voir le nº 52, 1ʳᵉ classe.
199	Sulfate de potasse (Raffinage du).	
200	Sulfates de fer et d'alumine. Extraction de ces sels des matériaux qui les contiennent tout formés, et transformation du sulfate d'alumine en alun.	
201	Sirop de fécule de pommes de terre (Extraction du).	
202	Tartre (Raffinage du).	
203	Teinturiers.	
204	Teinturiers-dégraisseurs.	
205	Toiles peintes (Ateliers de).	

N.os		Voir le n.º 61, 1.re classe.
206	Tueries, dans les communes dont la population est au-dessous de dix mille habitans.	Voir le n.º 61, 1.re classe.
207	Vacheries, dans les villes dont la population excède cinq mille habitans.	
208	Vert-de-gris et Verdet (Fabrication du).	
209	Viandes (Salaison et préparation des).	
210	Vinaigre (Fabrication du).	

FIN.

TABLE ALPHABÉTIQUE

DES MATIÈRES.

A

Affiches. Pendant combien de temps elles doivent être apposées pour les établissemens de 1re classe, p. 59.

Allumettes. Précaution auxquelles sont assujettis les fabricans d'allumettes, p. 145. — Précautions imposées aux marchands détaillans de ces matières, p. 146.

Architectes. Sont ordinairement chargés par les maires de visiter les localités affectées au dépôt des poudres fulminantes et autres matières de même nature, p. 147.

Artificiers. Sont aujourd'hui rangés parmi les établissemens de 1re classe, p. 148. — Ancienne législation à leur égard, *ib.* et suivantes. — Ordonnance de police concernant le débit des pièces d'artifice, p. 223.

Ateliers insalubres. Le Gouvernement a dû prescrire des précautions à leur égard, p. 3. — La nature des choses veut qu'ils soient partagés en trois classes, *ib.* — Ancienne législation sur les ateliers insalubres, p. 4. — Dispositions relatives à ceux qui existaient avant le décret, p. 38. — Lorsqu'ils ont été interrompus pendant six mois, il faut une nouvelle autorisation, p. 66. — Les règles qui les concernent ne s'appliquent pas aux établissemens d'utilité publique, p. 187.—Ordonnances de police concernant les établissemens insalubres, p. 214 et 217. *Voy.* Classes.

ATELIERS INSALUBRES NON CLASSÉS. Comment les préfets peuvent suppléer au défaut de classement, p. 44. — Pour qu'ils puissent soumettre ces ateliers aux formalités de ceux qui sont classés, il faut qu'ils constituent une *industrie nouvelle*, p. 45.

B

BATEAUX A VAPEUR. Législation qui les concerne, p. 133. — Règlemens établis sur les bateaux à vapeur dans le département de la Seine-Inférieure, p. 234 et suiv.

BOYAUDIERS. Ordonnance de police qui les concerne, p. 219.

BREVETS D'INVENTION. Rentrent dans la compétence des juges de paix, p. 162.

BRUIT. *Voy*. Tapage nocturne.

C

CHAPEAUX (fabriques de). Ont donné lieu à beaucoup de contestations, p. 79. — Il faut une autorisation distincte pour le baguetage et la teinture, p. 89. — Précautions à suivre pour la manutention de la matière première, p. 90.

CHEMINÉES FUMIVORES. Bien peu remplissent cette condition, p. 124. — Avis du Comité consultatif des Arts et Manufactures, sur les procédés pour rendre une cheminée fumivore, p. 125. — Formalités pour obtenir l'autorisation d'établir une machine à feu fumivore dans le département de la Seine-Inférieure, p. 244.

CLASSE (1ʳᵉ). Formalités pour l'autorisation des établissemens qui y sont compris, p. 33. — Aucun recours n'est ouvert contre les décisions royales qui les autorisent,

(285)

p. 47. — Motifs qui peuvent empêcher d'en accorder l'autorisation, p. 56. — Les établissemens de cette classe ne peuvent être déplacés sans autorisation préalable, p. 57. — A quelle autorité doit-on porter les réclamations contre les déplacemens, p. 58. — Le décret du 15 octobre n'exigeait pas l'enquête *de commodo* pour les établissemens de 1re classe, *ib.* — Cette enquête a été exigée depuis, p. 59. — Formalité des affiches, *ib.*

CLASSE (2me). Formalités pour l'autorisation des établissemens qui la composent, p. 34 et 61. — Comment il est statué sur les oppositions qui y sont formées, p. 62. — Les établissemens de cette classe ne sont pas toujours autorisés dans les lieux habités, p. 91.

CLASSE (3me). Formalités pour obtenir l'autorisation des établissemens qui y sont rangés , p. 34. — Contradiction qui existe dans le décret de 1810, sur l'autorité qui a le droit d'accorder les autorisations des établissemens de cette classe, p. 95. — Ce sont les sous-préfets qui accordent ces autorisations, p. 96. — On peut se pourvoir au Conseil d'État contre les décisions des Conseils de Préfecture, relatives aux ateliers de troisième classe, p. 99.

COMITÉ CONSULTATIF DES ARTS ET MANUFACTURES. Ses fonctions, p. 35. — Son avis sur les procédés pour rendre une cheminée fumivore, p. 125.

CONFLIT. Deux espèces de conflits, le positif et le négatif, p. 171. — Par qui le conflit peut être élevé, p. 172. — Mode de procéder que l'on suit en pareil cas, p. 173 et suivantes.

CONSEIL D'ÉTAT. Prononce sans recours possible sur les arrêtés des Conseils de Préfecture, p. 34. — Résumé de sa jurisprudence en matière d'ateliers insalubres, p. 35. — Un avis du Conseil d'État établit qu'on ne peut appliquer de peines aux personnes qui forment un atelier insalubre sans autorisation, p. 242, à la note.

CONSEILS DE PRÉFECTURE. Donnent leur avis sur les oppositions formées aux établissemens de première classe, et prononcent sur celles qui sont relatives aux autres classes, p. 34. — Leurs arrêtés susceptibles d'être dénoncés au Conseil d'État, *ib.* — Comment ils statuent sur les oppositions aux établissemens de deuxième classe, p. 62. — Commettent un excès de pouvoir lorsqu'ils prononcent sur des arrêtés de préfets refusant des autorisations d'établissemens de deuxième classe, p. 73. — Ne peuvent appliquer les dispositions de l'ordonnance de 1669, p. 75. — Sont compétens pour connaître d'un recours contre un arrêté de préfet refusant l'autorisation d'un établissement de troisième classe, p. 97. — On peut se pourvoir au Conseil d'État contre leurs décisions, même en matière d'ateliers de troisième classe, p. 99.

CONSEIL DE SALUBRITÉ. Ses fonctions, p. 35.

CONTENTIEUX ADMINISTRATIF. Commence à l'opposition des tiers, p. 34.

CORDES A INSTRUMENS. Ordonnance de police qui concerne les fabricans de cordes à instrumens, p. 219.

CORROYERIES. Peuvent être souffertes dans certains quartiers, et prohibées dans d'autres, p. 92.

D

DÉCRET du 15 octobre 1810, p. 24.

DOMMAGES ET INTÉRÊTS. Sont arbitrés par les tribunaux, p. 152. — En quel cas, p. 153. — Les propriétaires des

différens établissemens peuvent être *solidairement* condamnés à des dommages et intérêts envers les tiers,
p. 163 et suivantes.

Dommage matériel. Ce n'est que dans le cas d'un dommage
matériel que les tribunaux sont compétens pour allouer
des dommages et intérêts, p. 153.

E

Enquête *de commodo et incommodo* nécessaire pour
l'autorisation des établissemens de première classe,
p. 33 et 59. — *Id.* pour les établissemens de deuxième
classe, p. 34 et 61.

Établissemens. *Voy.* Ateliers insalubres et Classes.

Établissemens d'utilité publique. Ne sont pas régis par la
législation des ateliers insalubres, p. 137.

Étoupilles. Précautions auxquelles sont assujettis les fabricans d'étoupilles, p. 145. — Précautions imposées
aux marchands détaillans de ces matières, p. 146.

Expertise. Mode de nomination des experts en matière
ordinaire, p. 41. — *Id.* en matière administrative,
p. 42. — Peut être ordonnée en tout état de cause,
p. 43. — Motifs d'annulation d'un rapport d'experts,
p. 44.

F

Fabriques. *Voy.* Poudres fulminantes.

Faïence. L'autorisation d'un four à faïence et à poterie
peut être refusée dans un lieu habité, p. 94.

Forêts. L'ordonnance de 1669 fait défense de bâtir dans
un rayon de deux lieues des forêts royales, p. 75. — Les

(288)

Conseils de Préfecture ne peuvent connaître de cette contravention à l'ordonnance, *ib.* — Les tribunaux sont compétens pour réprimer ce délit, p. 76.

Forges pour la fabrication des enclumes et essieux. Ne constituent pas une industrie nouvelle, et dès lors les préfets ne peuvent exiger à leur égard les formalités prescrites pour les établissemens classés, p. 45.

Four. *Voy.* Faïence et Plâtre.

Fourneaux. *Voy.* Cheminées fumivores.

G

Gaz hydrogène. Législation qui le concerne, p. 110. — Affaire de la compagnie Pauwels, p. 112 et suiv. — Instructions sur les précautions exigées dans les établissemens d'éclairage par le gaz, p. 192. — Ordonnance de police concernant les établissemens d'éclairage par le gaz, p. 228.

I

Industrie. Ses progrès rapides en France, p. 1. — Préjudice que les établissemens d'industrie peuvent occasioner aux voisins, p. 2.

Institut. Son rapport sur les ateliers insalubres, p. 6 et suivantes.

J

Juges de paix. Sont compétens comme juges de première instance, pour allouer des dommages-intérêts résultant d'un dommage matériel, p. 153 et suiv. — *Id.* p. 162 et suivantes.

M

Machines a vapeur. Législation qui les concerne, p. 124

et 127. — L'administration n'a pas tout fait, lorsqu'elle a veillé à l'exécution des précautions prescrites, les Conseils de Préfecture sont encore juges des oppositions des tiers, p. 132. — Instructions sur les mesures de précaution à observer dans l'emploi des machines à vapeur, p. 196 et 207. — Règlement qui les concerne dans le département de la Seine-Inférieure, p. 241.

MAGASINS A POUDRE. *Voy.* Poudreries.

MAIRES. Rédigent l'enquête *de commodo et incommodo* sur les établissemens de deuxième classe, p. 34. — Donnent leur avis sur les établissemens de troisième classe, *ib.* — Font procéder à la visite des localités affectées au dépôt des poudres fulminantes et autres matières de même nature, p. 147.

MANUFACTURES. *Voy.* Ateliers.

MINISTRE DE L'INTÉRIEUR. Sa lettre à l'Institut sur les ateliers insalubres, p. 8. — Fait un rapport sur les établissemens de première classe, p. 33. — Sa circulaire sur le décret de 1810, p. 181.

O

OPPOSITION. Lorsqu'elle est formée, le domaine du contentieux administratif commence, p. 34. — Le Conseil de Préfecture donne son avis lorsqu'il s'agit d'un établissement de première classe, et prononce par voie de jugement lorsqu'il s'agit des autres classes, *ib.* — Comment il y est statué dans ce dernier cas, p. 62. — Ne peut être formée contre les ordonnances du Roi, autorisant des établissemens de première classe, p. 47 et suivantes.

ORDONNANCE RÉGLÉMENTAIRE du 14 janvier 1815, p. 29. —

Du 29 octobre 1823, sur les machines à vapeur, p. 31.
— De 1669, sur les eaux et forêts, p. 75.

P

PEAUX. Les ateliers pour déchamage et débourrement des peaux ne sont pas autorisés auprès des habitations agglomérées, p. 91.—*Voy.* les mots Corroyeries et Tanneries.

PEINES. Aucune peine n'est applicable aux contrevenans aux dispositions du décret et des ordonnances concernant les ateliers insalubres, p. 242, à la note.

PLATRE. Les fours à plâtre peuvent être autorisés dans les lieux habités, au moyen de certaines précautions, p. 94.

POMPES A FEU A BASSE PRESSION. Dans quelle classe elle sont placées, p. 124.

POUDRERIES. Ces établissemens d'utilité publique ne sont pas régis par la législation des ateliers dangereux et insalubres, p. 137 et suivantes.

POUDRES FULMINANTES ET DÉTONNANTES Les fabriques de ce genre sont rangées dans la première classe, p. 145. — Indépendamment des précautions prescrites pour les établissemens de première classe, les fabriques de poudres fulminantes sont assujetties à des formalités particulières, *ib.* et suiv. — A quel usage ces poudres peuvent être seulement employées, p. 147. — Ordonnance de police concernant la vente de la poudre et des pièces d'artifice, p. 223. — Autre ordonnance de police relative à la fabrication et au débit des poudres fulminantes et détonnantes, p. 226.

PRÉFETS. Donnent leur avis sur les établissemens de première classe, p. 33. — Rendent un arrêté sur les établissemens de deuxième classe, p. 34. — Répriment les déplacemens non autorisés des établissemens, p. 58. — Connaissent de la translation *provisoire* des fabriques insalubres, *ib.* — Leur droit sur les établissemens non classés, p. 45. — Accordent l'autorisation des établissemens de troisième classe dans les arrondissemens de préfectures, p. 96.

PRÉFET DE POLICE. Accorde à Paris l'autorisation pour les établissemens de troisième classe, p. 34. — Il a remplacé aussi le Directeur général de la Police pour les autorisations à accorder aux établissemens de deuxième classe, p. 73.

S

SOLIDARITÉ. Différens propriétaires d'établissemens peuvent être solidairement condamnés à des dommages et intérêts envers un tiers, p. 163 et suivantes.

SOUS-PRÉFETS. Donnent leur avis sur les établissemens de deuxième classe, p. 34 et 61. — Accordent l'autorisation pour les établissemens de troisième classe, p. 34 et 96.

T

TANNERIES. Ne sont pas de plein droit éloignées des lieux habités, p. 92.

TAPAGE NOCTURNE. Le bruit provenant d'une machine à vapeur ou d'un autre établissement qu'on fait travailler pendant la nuit ne constitue pas une contravention punie par le Code pénal, p. 170. — Dans quel cas cependant et en vertu de quelles lois un semblable bruit peut être réprimé, *ib.*

TRIBUNAUX. Sont seuls compétens pour réprimer les contraventions à l'ordonnance de 1669, p. 76. — Allouent des dommages et intérêts pour un dommage matériel résultant du voisinage d'un établissement autorisé, p. 152 et suiv. — Dans le cas d'accident d'une nature, soit criminelle, soit correctionnelle, sont compétens pour punir le propriétaire d'un établissement autorisé, s'il a contrevenu aux mesures de précaution prescrites, p. 169.

U

Usines. *Voy.* Ateliers insalubres.

V

Vapeur. *Voy.* Bateaux et Machines.

FIN DE LA TABLE DES MATIÈRES.

www.ingramcontent.com/pod-product-compliance
Lightning Source LLC
Chambersburg PA
CBHW050657070726
47595CB00014B/345